お客様の８割がリピートしたくなる

# ポイントカード集客術

リンパシーアカデミー代表
難波かおり

BAB JAPAN

# プロローグ
# 幸せなサロン経営をあなたに

私のサロンの名前は「Ｐｅｒｆｕｍｅ《パフューム》」。

フランス語で香水や香りのことです。

自分の名前である香《かおり》と、優しい香りに包まれてほしいということからつけました。

「リンパケア業界の右も左もわからないような、40歳過ぎたおばちゃんでもできた。リンパケア・セラピストは、どんな人でもなれるんですよ」

この言葉を実践するために、サロンだけではなく、スクールにも情熱を注いでいます。だから、これまで培ってきたすべてのスキルやノウハウは、惜しみなくお伝えすることにしています。

スクールの卒業生は今や３００名以上。そのうちの３分の１以上が実際にセラピストとして活躍していらっしゃいます。やりたいけれどできないではなく、やりたいことができる。そんな自立した人生を歩んでほしいと思っています。

私はどこにでもいる普通の人間です。特別賢かったわけでもなく、学歴だって高卒です。家庭だって円満にはできませんでした。

ただ、大胆な行動を起こすほんのちょっとの勇気とあきらめない姿勢、それが大きかったのだと思えます。つらい経験もたくさんしましたが、それがあって、今の私があります。

私がサロンを開業したのは、41歳のときでした。

それまで公務員だった私は、お客様は勝手に来てくれるものだと信じていました。

今考えるとそんなわけないのに……とわかりますが、当時は集客をしなければならないなんて、考えたこともありませんでした。

その結果、お客様が来ず、厳しい状況に追い込まれました（このお話はエピローグでお伝えしています）。本当にあのときは何も知らなかったなぁと、今でも苦々しく思います。

それでも、私はサロンを開業して心からよかったと、胸を張って言えます。サロンを開業してここまでやって来られたことは、私の誇りです。

そしてその大きなあと押しをしてくれたのが、この本でお話しする3枠ポイントカードでした。

お客様に来ていただくために、私は必死で集客を勉強しました。そして、これはたいへんなことだと実感したのです。集客は、そのための行動をずっと続けていなければいけないからです。

当時私は、子ども3人を連れてシングルマザーになったばかりでした。末っ子はまだ乳飲み子でしたし、上の2人もまだまだ手のかかる年頃です。それなのに、やらなければならないことが山積みでした。

そこで発想を変えることにしたのです。子育てしながらでも、サロンの経営を成り立たせるにはどうしたらいいのかを考えました。そして、リピートしていただくことが必要だと気がついたのです。

そこまできて、私がたいへんだ、たいへんだと思いながら行っていた行動が、新規集客だということがわかったのです。本当に無知でした。

当時の私のように、集客というと新規集客に目がいってしまいがちです。サロン開業後すぐは、新規のお客様が来てくださらないことにはどうにもなりませんから、必要なことです。でも、それをいつまでも続けていると自分が疲弊してしまいます。癒やされ、元気になるために行くサロンのセラピストが疲れきっているなんて、笑えないですよね。

たとえば、40万円を稼ぐには、どれくらいの労力がいるでしょうか。

1回1万円のコースを新規の方向けに売る場合、そのコースや、受けたらどうなるかの詳細を発信しなければなりません。はじめての方に向けているので、1から10までの説明を延々と繰り返すことになります。

40人来ていただければ、40万円の売り上げになります。しかし、あなたの発信を見たすべての人が来てくださるなんてことはあり得ません。むしろ、来ない人がほとんどでしょう。

となると、その40人を得るために、あなたは途方もない人数にアタックしなければならないというわけです。

これがリピートの場合はどうなるかというと、ぐんとハードルは下がります。お客様が月2回リピートすると仮定したら、40万円稼ぐために必要な人数は20人です。リピートですから、むやみやたらに行動する必要もありません。

繰り返しになりますが、新規集客は必要です。でも、それればかりだと自分が疲れてしまいます。だからせっかく来ていただけた新規の方には、リピートしていただきたいですよね。

そこでこの3枠ポイントカードをお渡しすると、実に9割のお客様がリピートしてくださるのです。これは本当に強い味方となる方法です。

この仕事は相手を幸せにしながら、自分も幸せになれます。誰かに寄りかかるのではなく、支え合って生きることができる職業です。1人でも多くの人に、この仕事の素晴らしさをわかってほしいと願っています。

そう思えるのも、ちょっとの勇気を出せていたからこそ。きっとこの勇気は、私だけでなく、すべての人を目的の地へと導いてくれるだろうと思います。

未経験での独立開業。実績なし、コネなし、資金なしの0からのスタート。不安や悩みはありましたが、後悔したことは一度もありません。

いくつになっても、心も身体も変わることができる！ だから、私もやっていて、受講生たちも実践している、とっておきの方法をあなたにお伝えしたいと思います。

この方法を実践して、全くリピートされないということはありえません。必ずあなたのサロンにもリピーターがつきますから、お楽しみに！


集客で悩む毎日を捨てて、予約でいっぱいのサロンにする覚悟ができたら、この先のページへと進んでください。

新しい世界のしくみは、驚くほど地味だけれど、とても効果的。あなたの新しい「サロン経営」の旅を、まずはこの本とともに歩いてください。

お客様の8割がリピートしたくなる
# ポイントカード集客術＊もくじ



## 第1章 「ポイントカードをつくれば売れる」と思っていませんか？

## 第2章　どんどんリピーターが生まれる3meet halfの魔法



## 第3章　お客様が使いたくなる！　ポイントカードのつくり方

第4章

## 明日からお客様が増える！　ポイントカードの活かし方



第5章

## 顧客に長く愛されるサロンにする！

## 第6章 あなたにもできる！ Q&Aでサロンの問題解決します！

# 第1章

# 「ポイントカードをつくれば売れる」と思っていませんか？

# ポイントカードはリピートの理由になりますか？

ポイントカードをつくったことがありますか？

この本を手に取ってくださったあなたは、サロンにポイントカードを導入したことがあるかもしれませんね。もしくは、これから導入を考えている方々に、この本の内容はきっとお役に立てるでしょう。

ではまず、ポイントカードをつくったことがある方に質問です。
そのポイントカードでリピーター様は増えたでしょうか？
やはりポイントカードをつくったからには、効果が出てほしいですよね。

サロン経営に関わらず、どんな業界であれ、ビジネスをしているなら、一番ありがたいのはリピーターの存在です。

同じ化粧品を買ってくださる方。
同じシャンプーをずっと使ってくださる方。
同じメーカーの運動靴を履いてくださる方。
同じ著者の作品をずっと買って読んでくださる読者。
同じ店で服を買ってくださる方。

どんな業界でも、安定したリピーターがいるから成り立っています。きっとあなたにも、毎回同じ店で買っているものがあるのではないでしょうか？　携帯電話の通信費なども、普段は意識していませんが、同じ所で契約し続けている方がほとんどですよね。毎年契約会社を変えていますという方は稀です。これだって立派なリピーターといえます。

リピーターがいると何がいいのでしょうか？
それは、安定したリピーターがいることで、売り上げの予測が立つということです。収入の目安がわかることで、先の予定や計画も立てやすくなりますね。そうなると、サロンなら設備投資をしてお客様により良い環境をご提供できるようになりますし、その時期も決めやすくなります。

スタッフを雇うということも考えられるでしょう。

自宅サロンから店舗サロンへ移るとか、店舗を増やすとか、最新の機械を導入するなどの設備投資をできるようになります。

そして、その投資によって得た評判は、また新たなお客様を連れてくることになります。リピーターの獲得は、いいことづくめですよね？

だからこそ、どのサロンでもリピーターが欲しくて、ポイントカードをつくるのですよね。


今やどんな店でも、ポイントカードをつくることを提案されます。ポイントカードの提案がないお店に行くと、珍しいなと思うくらいです。

しかし、そのポイントカードがリピーター獲得に功を奏しているかというと、ちょっと疑問に思うポイントカードが多いのも事実です。

実は、ポイントカードは、「こういうのがよくあるから、自分もまねてつくってみよう」などという、あいまいな動機でつくるものではありません。しっかりと、その形でつくる理由、それに伴う効果を正しく知ってつくるべきものなのです。

以前、こんなことがありました。

新しい服を買いに行ったお店で、前からずっと欲しくて探していたブラウスを見つけました。欲しかったけど、見つからないのであきらめかけていたものだったので、手にとったときの感動はひとしお。サイズも残っていて、あとは買うだけ！

これを着てどこへ行こうかな。いつ着ようかな。

明日は雨だっていうし、やっぱり初日は晴れの日がいいよね。

合わせるならスカート？

それともワイドパンツと合わせてスタイリッシュ系を狙おうかな。

アクセサリーをつけるなら、これが合いそう！

そんなワクワクした気持ちで、レジへ。

欲しかったものを手に持っているから、いやおうなく心が弾みます。欲しかったものがあった、それを手にできた喜びでいっぱいです。

レジに商品を置くと、いらっしゃいませと、店員さんが笑顔で迎えてくれます。そして、次のようなやり取りがありました。


「ポイントカードはお持ちですか？」

「いえ、持ってないです」

「それでしたら、本日からポイントをつけられますので、おつくりしておきましょうか？　スタンプ50個で、20％オフになりますよ」

欲しいものが買えてうれしいときに、こう言われたら、じゃあお願いしますって言っちゃいませんか？　私は言っちゃいました（笑）。

ポイントカード
をつくりませんか？

にっこりされながらポイントカードを渡され、同時に商品も受け取りました。また来ますと挨拶し、気持ちよく店をあとにしました。

理想の買い物そのものです。

ポイントも貯まるし、また買いに来よう。そう思ってご機嫌で帰りました。

そして……そのお店には1年以上足を運んでいません。なぜ、こんなことになってしまったのでしょうか？

## ポイントカードの目的って何ですか？

ポイントカードの目的は何かと問われたら、あなたは即答できるでしょうか？　ポイントカードをつくる目的、ここをしっかり押さえていないとうまくいきません。

ポイントカードの目的。**それは、ポイントをつけることでお得感を出し、リピート**

**していただくこと**です。

ポイントカードは、サロンだけではなく、さまざまな店で導入されています。それだけポピュラーな手法であり、ありがちなもの、ということです。どこで買い物をしてもポイントカードはお持ちですか？と聞かれ、持っていなければおつくりしましょうか？と決まりごとのように言われます。

だからいつの間にやら、財布の中にはポイントカードがいっぱい、などということになりがちです。

こうなると、いちいち探して出すのも面倒くさい。たくさんあるから、どこの店のポイントカードを持っているのか一目でわからず、忘れられる。

そんな残念なことになってしまいます。

中には、つくったはいいけれど出さないとか、一応出すけれどポイントを使ったことがないとか、面倒なのでポイントカードはつくらないとか、そういう選択をする人も出てくる。これも、ポイントカードの持つ特徴の一つです。

だからこそ、ポイントカードがリピートの理由になるくらいでなければ、他の多くのポイントカードに埋もれてしまい、先程のように忘れられてしまうのですね。

そもそも面倒で使わない人が出てしまうポイントカードでは、正直リピートの理由にはなっていません。

スーパーやコンビニなど、ある程度のお客様が必ず来るお店はそれでもいいでしょう。しかし、サロンではどうでしょうか？　使ってもらえないのでは、あまり意味がないと思いませんか？

よくあるのは、10回来店したら10％オフとか、１０００円ごとにスタンプを1個押して50個貯まったら５００円オフとか、お得になるまでに、ある程度の期間が必要なものです。

あなたも、一度くらいはもらったことがあるのではないでしょうか。

サロンで考えてみると、10回来店して10％オフにするために、お客様は一体いくら

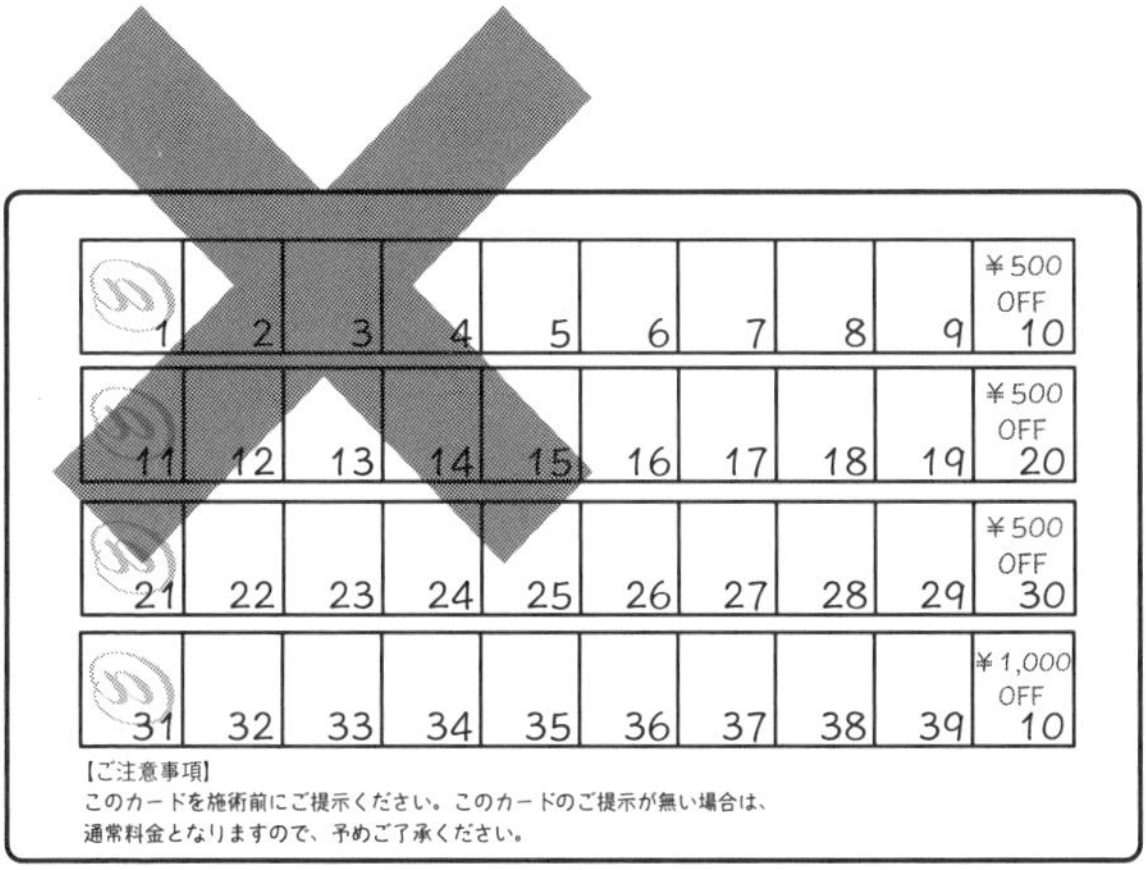


一般的なポイントカードは、相当な購入額、かなりの訪問数をクリアしないと特典を受けられない。

支払うことになるでしょうか？　そこまでしても10％オフ……。厳しいようですが、このポイントカードでは、リピートの理由にはとうていなり得ません。

**ポイントカードは、金券と同じ感覚を持っていただけるものでなければ、効果はない**のです。

金券は捨てませんよね。それくらいのお得感が欲しいわけです。お得感のないポイントカードは結局使われないことになり、リピートしようという気持ちもなくなってしまいます。

リピートしてくださるお客様がいることで、毎月の売り上げの予測も立ち、サロンの経営は安定します。ですから、本当にリピーター様はありがたい存在です。

その感謝の気持ちを、ポイントという形でなるべく早く伝える。これが、ポイントカードをサロンに導入する目的です。せっかくポイントカードをつくったのにリピートしてもらえないのは、とっても残念だと思いませんか？

では、このポイントカードでどうすればリピートしていただけるのか。

それは、ポイントカードを使えば使うほど、お得になるようにして、リピートしなければ損だと思ってもらえるくらいの大胆な還元を行うことです。これは、後述しますが、安売りするということではありませんよ。

## どうしてもリピートしたくなる理由

冒頭の服のほかに、こんなこともありました。

先日、とある大手の家電量販店でパソコンを買いました。実はそのときに、ほかにも欲しい商品があり、一緒に買おうと思っていたのです。

でも実際はその日には買わず、翌日になってから、いそいそと同じお店に買いに行きました。

つまり、リピートしたのです。服を買いに行ったときのように、なかなか行かないということにはなりませんでした。

それはなぜかというと、そのほうがお得だったからです。

実は、パソコンを買ったときにキャッシュバックとして結構なポイントがついたのです。そして、それは翌日から使えるとのこと。

パソコンと一緒に買えば定価で買うことになりますが、翌日にポイントを使って買えば、かなりお得に手に入るというわけです。

これは使わない手はありませんよね！

とはいえ、電車を使って買いに行きましたから、厳密に考えれば2日分の交通費がかかっているわけです。それでも、翌日に買いに行ったほうがお得だと、即座に判断できるだけの大きなキャッシュバックでした。

こうして私は翌日にリピートして、欲しいものをお得に手に入れたというわけです。

ついでに、ほかのこまごましたものも……。

リピートして、目的のもの以外もつい買ってしまうことって、よくあることですよね。

これがリピートの理由なのはわかっていただけると思います。お客様は、お得に買い物ができる。店側は、他店に行かれず、リピートしていただくことによって売り上げが上がる。お互いにとって利益になるのがポイントカードなのです。

リピートするほうが絶対にお得だとわかれば、リピートしない理由はなくなりますからね。

## 新規2割、リピート8割を目指す

私のスクールでは受講生に、**1年で新規2割、リピート8割のサロンを目指そう**と話しています。

もちろんリピート10割で、「ただいま新規のお客様をストップしています」などというのは、素敵ですよね。ないものほど欲しくなるので、こうなると、ますますキャンセル待ちでご予約されるお客様が増えていきます。

でも、突然それを目指すのはハードルが高いので、まずは1年で新規2割、リピート8割を目指していただいています。

そんなの無理、夢のまた夢と思いますか？

もちろん最初は新規10割、リピート0割からのスタートです。これは例外なく、誰もがそうです。今、世間では成功者といわれているようなカリスマセラピストであっても、みんなスタートは私たちと一緒でした。

まずは新規10割。そこから、新規9割リピート1割へと持っていきます。そして新規8割リピート2割というように、徐々にリピート率を上げていく。

そういう段階を踏んで、1年後に新規2割、リピート8割を目指すということです。なにも、一気に新規2割、リピート8割にしろというわけではありませんし、順序だてて取り組めば、誰にでも可能なことです。

そしてその大きな力となるのが、今回お話しするポイントカードというわけです。

世の中にはエステサロン、ヘアサロン、ネイルサロン、マッサージサロンなど、数多くの個人サロンがあります。街を歩けば、狭い範囲であっても複数のサロンを見つけることができるほどです。

新規客2 ; リピート客8
いらっしゃいませ
○○様
いらっしゃいませ!
こんにちは!

サロンというのは、お客様の美や健康を保ち、心を癒やすものです。たとえばヘアサロンで髪を整えると、やはり心が華やぎますよね。ネイルだってマッサージだって、自分にお金をかけて整えた満足感は、心も身体も豊かにしてくれます。

とても華やかなイメージもあり、特に女性の憧れの職業として、個人サロンはいつも話題に上がるほど注目度も高いものです。

## サロン経営者が抱える最大のハンデ

だからこそ、知っていてほしいことがあります。それは、**個人サロンという業種は、私たちの日常生活において、はっきりいって優先順位が低いものだ**ということです。

日常生活というのは、主に衣食住で成り立っています。衣食住とは、着るもの、食べるもの、住むところのことですね。これらが満たされていないのに、サロンで自分を磨こうという発想になるでしょうか？　たとえば、今日食べるものにも不自由しているのに、食べるのを我慢してまでサロンに通うかといえば、通わないでしょう。

優先順位というのはそういうことです。サロンに行くのは、どうしても今やらなければならないことではありません。サロンに通う目的は、予防やメンテナンスですから、今日じゃなくても困らないのです。

対して、衣食住は今必要ですし、これが満たされないと困るどころか、命の危険まである。重要度が全く違うのです。

つまり、サロンに通うということは、「ぜいたく」という位置づけになっている方がほとんどなのです。行かなくても我慢できるもの、というふうに考えてしまいます。

だからこそ、本書のポイントカードが効果を発揮するのです！

人の深層心理、行動心理をもとに考えると、集客の方法や効果は変わります。まずは自分がお客様だとしたら、どういったときに行動を起こすのかをしっかり考えることが大事です。なので、優先順位を上げるには、サロンに通うことをあたりまえに思っていただくことが大切なのです。

## ビジネスはきれいごとではすまされない

サロン開業をしている人がもっとも恐れることは、廃業です。

なぜ廃業してしまうことになるかというと、集客ができないから。

**「集客ができない＝お客様が来ない」**ということです。稼ぐことができないので、経営を続ける諸経費を捻出することができなくなるのです。


店舗サロンなら家賃がかかるでしょう。自宅サロンでも、古いものを使うわけにはいきませんから、定期的にマッサージクリームやオイルは買い替えが必要です。

また、チラシをつくるのもタダではありませんよね。印刷するには家庭用プリンターがいるでしょうし、そのインク代も馬鹿になりません。どこかに発注するなら、なおのこと費用がかかります。

サロン専用の固定電話や携帯電話などの通信費だって必要です。集客のためにSN

Sの活用を目指すなら、パソコンもあったほうがいいでしょう。

これが固定給のある会社員の副業だったら、それほど気にする必要はありません。でも、私たちが身を置くのは、個人事業主という事業の世界。固定給はありませんから、自分で稼ぐしかないのです。

稼げないと……泣く泣く廃業という憂き目にあうことになってしまうのです。そんなのは、もちろんいやですよね。

1人でも多くのお客様を喜ばせたいと、一生懸命がんばってサロン開業をしました。それなのに閑古鳥《かんこどり》を鳴かせていては、じきにランニングコストすら支払えなくなってしまいます。

サロン経営は稼げなければ続けられませんし、厳しいようですが、お客様がいないサロンはないのと一緒です。

だから**確実にリピーター様が増える方法を知り、それをしくみ化していく**ことが重要なのです。

最初は少したいへんだなと思うことも出てくるでしょう。でも、それがずっと続くわけではありません。一度しくみをつくってしまえば、あとは最低限の労力だけでリピーター様が増えていきますから、うんと楽になります。

その方法を、次章から一緒にひも解いていきましょう！

第2章

# どんどんリピーターが生まれる 3 meet half の魔法

## 3回来店7回固定の法則

私がサロンをはじめた当初は、まったくお客様が来ませんでした。そのときの体験が、エピローグの所持金が752円になってしまった話です。

私はサロン開業すれば、お客様は勝手に集まってくれると勘違いしていたのですよね。起業するということがどんなことかもわからず、勢いだけで開業したようなものでした。

もちろん、広告やチラシ、ましてSNSを使った集客などという方法は知りませんでした。そんな状態でしたから、誰に知られることもなく、本当の本当にお客様がいなかったのです。

お客様が来ないということは、売り上げもゼロ。公務員を退職してサロン開業しましたから、この状態は本当につらかったです。

そのこともあり、新規のお客様が来店されたとき、必ず次のご予約をいただくためにはどうすればいいのかを、ずっと考えていました。せっかくご来店くださった方を逃したくない、その一心でした。

私自身、公務員時代にはヘアサロンだけでなく、エステサロンやアロマサロンなどにも通っていました。それは1回だけではなく、リピートしていたのです。

自分が通っていたサロンは、何をしていたのだろう。どうして私はそこを気に入ってリピートしていたのだろう。他の予約の取れないサロンはどうしてそんなに売れているのだろう。ありとあらゆることを観察し、考え、書き出していきました。

次回も必ずご予約いただける方法を考えなければ、と必死だったのです。

そんなときに目にしたのが、ビジネスの世界でいわれている**「3回来店7回固定の法則」**です。

これは3回来店するとなじみ客になり、7回来店していただけたら固定客になるという お客様の心理を表した言葉です。

**まずは3回の来店で、なじみ客になっていただく**ことが第一段階。ですから、その3回の来店を可能にするにはどうしたらいいのかを考えました。

ずっと3の数字を考えていると、3の数字が身近に多く使われていることに気づいたのです。

突然ですが、あなたも考えてみてください。あなたは3のつく言葉をいくつあげられますか？

考え出してみると、けっこう出てきたのではないでしょうか？

三種の神器、御三家、三人娘、三日坊主、三度目の正直、石の上にも三年……などなど、さらに、3足1000円、3大ポイントなどもありますね。

なぜそんなことを聞いたのかというと、これがリピートしていただくための肝だからです。日本人は、あげればきりがないほど、とにかく3という数字が大好き。3という数字をひとまとめの塊として見る風習があるからです。

また、5回だったら多いけれど、3回だったらハードルが下がる気持ちにもなりませんか。

3回来店7回固定の法則

同時期に**「ザイアンスの法則」**も知りました。別名、単純接触効果ともいわれるものです。

ザイアンスの法則とは、何度も接することで次第に警戒心が薄れて、その人に対して好意を抱く効果を指します。つまり、**お会いするたびにお客様との距離が縮まっていく**ということですね。

たとえば、さまざまな通販サイトができて、インターネットでものを買う方も多いと思います。そのとき、荷物を届けてくれる宅配業者さんには担当地域があることもその一例です。いつも同じ人が配達に来てくれることで、その担当者さんとは顔なじみになりますよね。ほとんど会話をしなくても、いつもの人だなというくらいの認識になります。

顔なじみになれば、やがてそれは信頼につながります。いつもありがとうと声をかける人もいるでしょうし、一言二言、言葉を交わすようになることもあると思います。

私はチラシやＳＮＳなどの集客はもちろんのこと、サロンのホームページなどでも、オーナーは顔出しをするようにおすすめしています。相手の顔を知っている、そして何度も目にすると、親しみを感じるようになります。これもザイアンスの法則です。

また、顔出しをしていると、この人は信頼できると思っていただけます。顔出しして悪いことはできませんからね。

このように、初対面の人よりも、顔なじみの人を信用するということはおわかりいただけると思います。

これらの法則から、お客様はどのような気持ち（心理）になれば、行動するのかということを知ったのです。

お客様は、何度も繰り返しサロンに足を運ぶことで、そのサロンを信頼するようになり、好意を抱いてくださいます。まずその最初のステップが、3回来店していただくこと。それをクリアしたら、もう3回、もう3回と繰り返していくことで、さらなる信頼を得ることができます。

3という魅力的な数字を使い、お客様との接触回数を増やし、信頼関係をつくるのが「3回来店7回固定の法則」の意味なのですね。

ですから3回来店していただくことを、ひとつの塊としてポイントカードにも導入するのです。そして、リピートすればするほど、お得になるような割引きや特典をつけます。

そうすることによって、3回来店していただいたときに、よりお得になるのはもちろん、達成感も得ていただくことができます。どちらも心地いい感情ですから、お客様の満足度も上がります。

つまり、**ポイントカードの目的は、一定期間内に3回来店していただくこと。そしてリピートするほどお得だと知っていただくこと**です。

具体的にどうするかというと、期間を定め、その期間内で3回のご来店を目指します。3回だったら、すぐに達成できそうでしょう？　それにより、お客様はリピートしたほうがお得だなという判断をしてくださるようになります。

# なぜ一定の期間で3回の来店を目指すのか

なぜ、2回でなく、4回でもなく、3回なのか。それには、ポイントカード導入の失敗例をお話しすると、よくわかっていただけると思います。

一度ポイントカードを、3枠ではなく、4枠でつくったことがありました。ポイントカードの有効期限は1か月間にしましたから、週1回通っていただく計算になります。お客様にとっても、身体のメンテナンスという意味でちょうどいいと思ってくださるかもしれない、という思いもありました。

実はそのときすでに、3枠ポイントカードで効果が出ていたので、結果はだいたい予想できました。でも、ほかの方法も検証してみたかったのです。

結果はどうだったかというと、全くリピートしてもらえませんでした。たった1枠増えただけで、こんなにも結果が違うなんて……と、予想どおりだったとはいえ、驚きでした。

４枠ということは、週1回。これって簡単な計算です。お客様だって、すぐに週1回の施術をすすめられているのだなと気がつきます。

ここでお客様の立場になって考えると、週1回ってなんとなく負担に感じてしまうのですよね。この心理的な負担は、優先度の低いサロンに通うという行為においては、お客様にとって、大きな覚悟を必要とすることになります。結果、全くリピートされないということになってしまいました。

これが2枠だったらどうでしょうか。こちらは実際に検証はしていませんが、1か月に2回だと、なじみ客になっていただきにくいと考えられます。

ザイアンスの法則のところでもお話したとおり、人は何度も接することで次第に警戒心が薄れて、その人に対して好意を抱きます。2回でその効果がないとはいいませんが、初対面で少なからず緊張のあった次の施術です。よしもうわかった、信頼しよう、とはまだなりにくいとは思いませんか？

この信頼に至るまでの一番短い回数が、こうした経験から、3回なのだと思われます。ですから、まずは3回を目指すということなのです。

## お客様もセラピストも幸せになる方法

まず3回ご来店いただくためには、3回リピートされるシステムが必要です。たとえば、コース設定、回数券などは、リピートされるシステムです。

**お客様は施術を受けた直後が、「気持ちよかった」「むくみがとれた」など一番気持ちが高まっているとき**です。こういうときには、コースも回数券も案外ご契約していただきやすいものです。

ただ1周目のコースや回数券が終わってしまうと、なかなか2周目の提案はしづらいです、というセラピストさんは多いです。お客様も、コースを終えて体調が整っている状態なので、もういいかなと思ってしまうのも、コースや回数券が終了したときなのです。

また、コースや回数券はお金の管理が難しいという面を持ちます。

たとえば3か月コースで、1か月目にご入金いただくと、2か月目、3か月目は売り上げなしとなりますよね。

そこはちゃんと考えて、3か月で分けて計上すればいいことではあります。でもやはり人間ですから、数字だけを見ると、売り上げがアップダウンするように感じてしまう方もいます。そのため、なんだかマインドが落ちてしまう、という状態に陥ることがあるのです。

それに対して、その都度払いはどうでしょうか。セラピストとしては、お金の管理もしやすく、マインドも落ちない方法ではあります。ただ、お客様の視点から見れば、通常、コース料金はお得なセット価格となりますから、どうしてもそちらの価格と比べられることとなります。

そうなると、コース終了後にお客様が離れてしまう原因にもなりかねません。

このような点から、両者のいいとこ取りができないかなと考えたのです。

その都度払いで、お客様もセラピストも幸せになる方法。行けば行くほどお得になる方法……。

そうして考えたのが、オリジナルの、リピートされるしくみである「**3meet half**（スリー ミート ハーフ）」の理論です。

これは何かというと、サロンが定めた一定の期間内に3回ご来店されたお客様は、3回目を50％オフにするというものです。こうすると、お客様は来店されるほどにお得になります。サロン側としても、売り上げが上がりますし、リピートしてくださったお客様に感謝の気持ちを伝える手段として、特別価格を提示することができます。

これは私の主婦としての感覚なのですが、コツコツと少しずつスタンプを貯めてステップアップするよりも、ホップ・ステップ・ジャンプ！のように、すぐにゴールに手が届きそうなもののほうが、やろうと思えます。そのジャンプのお得が大きければなおさらです。

例として、1回目の割引きが20％、2回目が20％、3回目を半額に設定した場合を考えてみましょう。

1回目は8000円、2回目も8000円、3回目は5000円となりますね。割引きなしで3回通った場合は3万円ですから、9000円もお得になっています。ですから、3回通っていただくことで1回分近くお得になります、とお伝えできます。こうなると、3回通わない理由がなくなると思いませんか？


ここで少し、私の公務員時代のお話をさせてください。

私は当時、エステサロンに通っていました。そこで、回数券を購入しました。その回数券は、10回分の金額で12回施術を受けられるというものでした。2回分も多くできるなんてかなりお得だなと思って購入したのです。

もちろん、そのサロンのセラピストさんや技術などに満足し、信頼していたので、楽しく通っていたのです。


しかし、8回目の回数券を使用したときから、次の回数券の購入をすすめられるようになりました。

正直、あと4回分も残っているのに気が早いなと、ちょっぴり気持ちが萎《な》えました。それでも、あと4回残っていますからと、遠回しに断り、帰宅したのです。

ところが9回目の施術のとき、さらにヒートアップして、さすがにこれは押し売りだろうというレベルの勧誘を受けたのです。施術の最中も、今購入するとさらにお得ですよと、ずっと回数券のメリットのお話を聞かされるのですよね。とてもリラックスなんてできません。

私はそれまで、そのサロンが好きでしたし、回数券が終わったらまた購入したほうがお得かなと考えるくらい、リピートに前向きでした。しかし、そのときの私の頭の中で、サロンへの不信感が一気に芽生えてしまったのです。

こんなにすすめてくるなんて怖い、この人は私がお金にしか見えてないんだ。そんな気持ちが湧き上がり、どうやって断ろうかということで頭がいっぱいになってしまいました。

そして信頼感が崩れ、不愉快な気持ちになった私は、あと3回分の回数券を残したまま、そのお店に通うことをやめてしまったのです。

こういうふうに書くと、そのサロンが悪者に思えますが、私がいいたいのはそこではありません。自分が経営者になってみると、あの押し売りをしてきたセラピストさんの気持ちが、驚くほどよくわかってしまったのです。

ビジネスはきれいごとでは済まされません。稼ぎがないと、サロンを存続させることすらできなくなってしまいます。私はサロンをオープンさせた当初、お米すら買えなくなったことがあります。だから、回数券を購入してほしいという、強い気持ちが理解できました。

また同時に、リピートしてくださるなら、最大限お客様にお得な方法でリピートしていただき、感謝の気持ちを表したい。そんな善意があったことも実感としてわかってしまいました。リピーターはサロンにとって最も大切な相手ですから、最もお得な方法を提示するのは善意にほかなりません。

その気持ちを、こういった形でしか表現できないから、誤解されてしまうのですよね。それは、セラピストにとってもつらいことだろうと思うのです。

お客様はもちろんのこと、**施術する側も幸せでないと、経営は継続できない**と、私は思うのです。

この回数券の一件から数年後、名古屋に出張に行きました。そのとき、ハンバーグを売りにしているレストランに入りました。そこでもらったポイントカードが、「3 meet half」に近いものでした。

飲食店ということもあり、客単価が低いので、1～3回目のリピートに特典はありません。しかし、4回目の来店で1品無料になると記載されているではありませんか。

それを見て、年甲斐もなく、心が躍りました。3回クリアしたら、大きな特典が待っているのですから当然です（それほどおいしいハンバーグでした）。

そして、3回だったら十分クリアできるなと、瞬時に思ったのですよね。きっと私と同じようにほかの人も思うのでしょう、お客様が外に並んで待っていましたよ。

このように、お客様もセラピストも、お互いが幸せになれる。それが「3 meet half」の理論なのです。そしてこの理論に基づいたカードが、本書でご紹介する3枠ポイントカードというわけです。

## ３meet halfのメリット

いかがでしょうか。「(期間内に)3回サロンに訪問すれば、3回目は50%オフ(半額)になる」。これが「３ｍｅｅｔ ｈａｌｆ」です。

お客様に来ていただだいた感謝の気持ちを金額で還元させていただき、「固定客」になっていただくというしくみです。リピートしてくださるお客様を増やすために、さまざまな課題をクリアし、できあがったカードです。

ここで、「３ｍｅｅｔ ｈａｌｆ」のメリットについて整理しておきます。

・ご来店されるほど、お客様がお得になる。
・繰り返しご来店いただくことで、お客様との信頼関係が築ける。
・コースや回数券のような管理の難しさがない。
・安売りではなく、わかりやすく、お得感が十分感じられる割引きができる。
・リピートすればするほどお得なので、お客様が離れにくい。
・次回のご予約を聞きやすい。

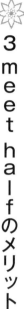

・リピートされるお客様が増える。
・毎月の予約状況がわかるので、スケジュール管理しやすい。
・お客様もセラピストも幸せになれる。

# 第3章

## お客様が使いたくなる！ ポイントカードのつくり方

## 3枠ポイントカードのつくり方

では、いよいよ具体的に、3回リピートしていただくための、3枠ポイントカードの作り方について、レクチャーしていきましょう。

ポイントカードは2種類つくります。

・ステップアップカード（新規のお客様に渡すカード）
・ゴールドカード（リピーター様専用VIP会員カード）

まず、新規のお客様にお渡しする、ステップアップカードからご説明します。

先程も申し上げたとおり、このポイントカードの割引きの目的は、3回来店していただくことです。ケアを継続していただくために、**期間限定で1回目、2回目よりも、3回目のほうが、よりお得になるようにする**のです。

たとえば、1回目は20％オフ、2回目も20％オフ、3回目以降は期間内なら何回でも50％オフという具合です。リピートすればするほど、お得になります。

そしてここが重要なのですが、**必ず期間を限定すること**。

後述しますが、この有効期限はサロンの業種によって多少違いがあります。まずは、基本となる考え方を、私がこのシステムを実施する場となった、リンパケアサロンでご説明します。

リンパケアサロンにおすすめの有効期間は1か月です（10日に1回の頻度）。それが短いと感じれば、1か月半（2週間に1回の頻度）までは伸ばしてもよいでしょう。私が主宰するスクールの卒業生が運営しているサロンは、稼働日が少ないので、有効期間を2か月にしているところもあります。

期限がなく、いつでも特典が受けられるのは、安売りするのと同じこと。そうではなく、あくまでこれは**期間内に3回リピートしてくださったお客様への、感謝の気持ちとして還元させていただくご優待**なのです。ですから、その期間のうちに3回以上来ていただくのが一番お得になります。期限を過ぎてしまったら、また振り出しに戻っていただくという具合です。

こうすることで、このポイントカードの説明と同時に、次回の予約を聞くことができるようになります。

私のスクールでも、勧誘と思われたくなくて、なかなか次回のご予約を聞けないという悩みを持った方は多くいました。しかし、このステップアップカード導入後は、自然と次回のご予約をうかがえます。

たとえば、こんな具合ですね。

「3回施術を受けられることで、もっと身体が変化します。それを感じていただくために、このようなカードをつくりました。3回目以降は半額となります。よろしければ、ご予約をおとりしましょうか？」

お客様も、それならお願いと、2回目、3回目のご予約を入れてくださることが多くなります。また、たとえば3回目が50％オフだった場合、せっかくだからと高いメニューを選択してくださいますので、お客様に喜ばれながら、サロンの売り上げを上

三つの枠をつくります。枠内には還元率を記載しておきましょう。お客様がご来店されたら、枠内に当日の日にちを書き入れます。
**【必須】カードの上部には有効期限を記載してください。**

表側は、サロン名、住所、サロンのサイトのＱＲコードなどの連絡先は必ず入れてください。サロンのカラーに合わせて色の統一感を出しましょう。

げることができるのです。

そしてこの3枠カードの、もう一つ重要なポイントは、**ホームページやチラシなどで、ポイントカードの存在を出さない**ことです。

このポイントカードは、あくまでもご来店いただいたお客様にお渡しする、いわば特別なもの。言い方を選ばなければ、「贔屓《ひいき》する」ということです。

女性は特別感が大好きですし、特別扱いを受けて不快になる人はあまりいません。特別扱いというのが、贔屓ということですが、つまりその方を大切にしているということでもあります。お客様も大切にされていると感じれば、うれしいですよね。

事実、私のサロンでは、この3枠ポイントカードをお渡しした場合のリピート率は約90%です。これを使わない手はありません。

また、このポイントカードを最初から見せていると、お得感を感じていただけなくなりますし、割引き目当てのお客様が寄ってくることになります。そういう方は施術の内容ではなく、すべて金額で判断するので、正直、いいお客様とはいえません。お客様は神様といいますが、それは誰でも受け入れろということではない、**お客様は選んでいい**。それが私の持論です。

## リピートVS客単価

さて、ここまで読んできて、疑問が浮かんだ方もいるかもしれません。いくら期間限定で安売りではないとはいえ、ステップアップカードを使って月3回施術するなら、高額メニューを月1回リピートしてくださるほうがいいのではないか、と。

具体的に60分で定価1万円のメニューを例にとって考えてみましょう。ステップアップカードを使う場合、もし1回目から20％オフになった場合、8000円、2回目も20％オフで8000円、3回目は50％オフで5000円。合計で2万1000円ですね。時給にすると7000円です。

対してステップアップカードなしで月1回の施術の場合は、時給はそのまま1万円となります。

こうして比べると、自分の時給を減らしてでも来ていただくべきなのか？と思うかもしれません。

結論からいうと、それでもステップアップカードを使ってリピートしていただかなければなりません。なぜなら、女性は生理周期の変化や、急なお子さんの病気、学校行事、その他さまざまな理由で、ご予約が急にキャンセルになることもあるからです。その場合、お得感もなく、期間も決まっていなければ、それっきりお会いできなくなる可能性のほうが高いのです。

サロンに通うというのは、癒やしや疲れの回復に有効です。それと同時に、日常生活に必要不可欠ではないということもまた事実です。サロンに通うことは、その他日常生活に比べて優先順位は低くなります。それを肝に命じなければなりません。ですから、期間を決めて、その期間内に3回、つまりなじみ客になる回数分、お会いする必要があるのです。

# 固定客になる7回来店へのステップ

こうして、ステップアップカードが修了し、なじみ客になってくださったら、固定客になっていただくための7回目に向かう次のステップです。

ステップアップカードで3回以上ご来店くださったお客様は、ゴールドカードへと移行します。これはいわゆる**VIP会員様専用カード**で、割引率を含め、はじめの価格に戻ることなく、1年間優待で割引き価格となります。

ゴールドカードは、1か月単位で1年間有効となります。たとえばその月の1回目は20％オフ、2回目は30％オフ、3回目以降は50％オフという具合です。もしその月に3回目をご来店いただかなかった場合でも、翌月はまた1回目の20％オフからとなります。

ステップアップカードの場合は、1回目と2回目は20％オフ、3回目で50％オフです。期間内に2回しかリピートされなかった場合、次はまたステップアップカードの1回目からのスタートとなります。

対してゴールドカードは1回目が20％オフ、2回目は30％オフ、3回目が半額ですから、割引率が大きくなります。そして1か月に2回のリピートでも、1年間はゴールドカードの割引率を使う資格が失われないという違いがあります。

またVIP会員様専用カードとしてお渡しすることで、お客様に特別感を得ていただくこともできますし、サロン側も、毎回ステップアップカードをお渡しする必要がなくなります。

こうすると、2か月3か月待ちのサロンをつくっていけるのです。サロン側も1枚のカードが修了しても、次につなげやすくなります。たとえば、こんな具合ですね。

「3回ご来店ありがとうございます。感謝の気持ちを込めて、このようなカードをご用意いたしました。VIP会員様へと移行させていただきます。変化したお体の状態をキープしてください。よろしければ、ご予約をおとりしましょうか？」

Name　　有効期限／令和　年　月　日

| | 月 | 月 | 月 | 月 | 月 | 月 | 月 | 月 | 月 | 月 | 月 | 月 |
|---|---|---|---|---|---|---|---|---|---|---|---|---|
| 20% OFF | 初回 | 初回 | 初回 | 初回 | 初回 | 初回 | 初回 | 初回 | 初回 | 初回 | 初回 | 初回 |
| 30% OFF | 2回目 | 2回目 | 2回目 | 2回目 | 2回目 | 2回目 | 2回目 | 2回目 | 2回目 | 2回目 | 2回目 | 2回目 |
| 50% OFF | 3回目以降 | 3回目以降 | 3回目以降 | 3回目以降 | 3回目以降 | 3回目以降 | 3回目以降 | 3回目以降 | 3回目以降 | 3回目以降 | 3回目以降 | 3回目以降 |

■このカードを施術前にご提示ください。
■このカードのご提示が無い場合は、通常料金となりますので、予めご了承ください。
■このカードのご利用は、当日一回限りとさせていただきます。
■このカードは他のサービス券及び、キャンペーンとの併用はできません。

※ご予約ダイアル　00-0000-0000

基本はステップアップカードと同様ですが、必ず表面の色を変えてください。できれば、ステップアップカードより特別感が感じられるカラーがいいでしょう。

縦３列×横 12 列の枠の表を作成します。１か月に３回、１年間有効のカードです。一番左の３枠には還元率を記載しておきます。

一番上の横１列の枠は来店された月を記入し、縦は来店された日を記入できるようにします。

このＶＩＰカードをお渡しすると、お客様はまとめて３回分の予約をされるようになりました。

しかも「来月の予約をとって帰っていいですか？」と、お客様のほうから言ってくださることが多いのです。本当にありがたいことですよね。

こうして、リピートだけでご予約が埋まっていくようになるのです。この方法なら、最初にお話した１年で新規２割、リピート８割のサロンになるという目標も、達成できそうだなと感じていただけると思います。

またリピーターが定着すると、ある程度売り上げも安定していきますので、サロンオーナーのマインドも安定します。

「自分で起業し、事業を続けていく」ということは、安定したマインドで行動を継続しなければなりません。売り上げに一喜一憂し、悩んで動けないということになると、売り上げは落ちる一方になってしまいます。

ですから、このポイントカードでリピーターを定着させ、売り上げとマインドを安定させるのは、本当に大切なことなのです。

また、このポイントカードを導入することで、こういった現象も起こりました。お客様が3回分のご予約をされるだけではなく、3回目の50％オフの割引率が大きいときに、せっかくだからと、高い金額のメニューを選ばれるのです。

私のサロンの話です。
1か月のご予算が1万円のお客様だったのですが、VIPカードを使用され、
1回目　6000円のメニュー↓4800円（1回目の20％オフ優待利用）
2回目　6000円のメニュー↓4200円（2回目は30％オフ）
3回目　8000円のメニュー↓4000円
合計13000円
3000円オーバーのまま、何年も通っていただくことができました。しかも、お客様の方から「予約をとって帰ってもいいですか？」なんて、ありがたいお言葉までいただけたのです。

3回分をご予約していただいていると、急な用事でキャンセルになっても、次回お会いできる日が決まっているので安心です。たとえ急用によるキャンセルでも、次の予定がなければ、そのまま忘れられてしまうということもありますからね。

## お客様を大切にするということ

このポイントカードには有効期限があります。先ほどもお伝えしたとおり、期限を過ぎてしまったら、また振り出しに戻っていただくことになります。

女性は、やむをえない事情でキャンセルになることも多いとお伝えしました。そんなとき、期限は過ぎてしまったけれど、ほんのちょっと過ぎてしまっただけだから、割引を適応してほしいと言われることがあります。私も、何度かありました。

こんなとき、あなたならどうしますか?

サロン開業間もないと、お客様が離れるかもしれないというのは怖いことなので、ついつい、いいですよと聞き入れてしまいがちです。

私がこのときどうしたかというと、しっかりとご説明して、最初からスタートしていただきました。

お客様の気持ちもわかるし、一見、それを受け入れてしまうのが一番簡単なことのように思えます。しかし、いったん受け入れてしまえば、今後同じようなことが頻発することになるでしょう。言えばいつでも割引いてくれると、だんだん要求がエスカレートしてしまう可能性もあります。

そのことがＳＮＳで拡散されてしまえば、一気に割引き目当てのお客様ばかりになることも考えられます。そうなってしまうと、あの人には割引きしたのに、私にはしてくれなかったと言われてしまうかもしれません。トラブルを避けるために、全員の割引き要求を飲まざるを得なくなります。

そうならないためにも、ここは丁寧に説明して、納得していただいたうえでスタートからはじめていただきましょう。**お客様への態度に出す必要はありませんが、心の**

**中では毅然としていること**です。それが、リピートしてくださるお客様を大切にするということなのです。

## ポイントカードのもう一つの「ポイント」

ここまで説明してきたポイントカードを使ったリピーター様獲得の方法は、期間限定の割引き方法でした。この方法の肝は、実は定価の決め方にあります。いくらリピートしてくださったお客様に感謝を伝えるためとはいえ、あまりにも安い価格だとやる気になれません。それではお客様にも本当に失礼なことですから、しっかりと考えましょう。

**定価を考えるときに基準となるのは、3回目の価格**です。

たとえば、3回目が50%オフだった場合を考えてみましょう。割引き後の価格がいくらだったら、1か月の間に3回もご来店してくださったお客様への感謝の気持ちとして、施術を全うできますか？　60分5000円ならできると思えば、定価は1万円ということです。

セラピストの想いは、手に表れます。**自分が納得できない金額で施術していると、その気持ちがちょっとしたしぐさを雑にする**というような形で、出てしまいがちになるのです。本人は気がつかないかもしれませんが、お客様はそれを敏感に感じ取ります。なんだかわからないけど、今日は雑な気がする……という、ふわっとしたものかもしれませんが、この違和感は馬鹿にできません。

ですから、**自分が納得する価格で、なおかつお客様もお得感を感じられる金額にする必要がある**のです。金額が安くお得になったのに、心のこもった丁寧な施術を受けられると、お客様の満足度はいつも以上に上がります。こうして、信頼関係が築かれていくのです。

いくら金額がお得になっても、お客様が満足できるものを提供できないのでは意味がありません。

このポイントカードは、３回来店していただいて終わりではなく、**次へとつなげていくステップ**です。ですので、定価を決めたあとに割引き率を考えるのではなく、まず割引き後の価格を決めるほうが先です。そこから逆算して定価を決めるほうがわかりやすいですし、自分も納得できます。

また、VIP会員とはいえ、割引き後の価格があまりに安すぎても不信感を与えます。それなりの、**説得力のある価格をつける**ということも必要です。

たとえば、100gで2000円の和牛のロースステーキがあったとしましょう。価格としては、まぁそれくらいするかなという感じだと思います。でも、もし同じようなものなのに、100gで300円だったらどうですか？　なんだか、品質が悪そうで怖いという気になりませんか？

あまりにも安すぎると、特に清潔好きの日本人は不信感を覚えるものなのです。これまでの経験からしても、サロンに通う方は、清潔感を大切にしていらっしゃる方が多い傾向があります。また、安かろう悪かろうを嫌うのも、サロンに通うという比較的余裕のある方の傾向です。

このようなことから、不信感を与えない金額設定にして、安心いただくということも必要なのです。

# 第４章

## 明日からお客様が増える！
## ポイントカードの活かし方

3枠ポイントカードのつくり方はわかっていただけたでしょうか？

このポイントカードを使うと、リピート率はぐんと跳ね上がります。ですが、どう使えばいいのか、何かお渡しする際のコツはあるのかなど、気になる点もあるかと思います。

ですからこの章では、この3枠ポイントカードを使って売れっ子セラピストとして活躍されている先輩たちがどう活用しているのか、生の声をご紹介いたします。

## 事例1
## ほっこりサロン　茉莉花《まつりか》　鎌松美保子さん（兵庫県加古川市）

私には視覚障害があります。

目がしっかり見えていなくても、施術には支障はありません。ですが、お客様の姿がよく見えないので、いわゆる「視線を合わせてしゃべる」ということができません。

また、お荷物をどこに置かれたのかもわからず、粗相をする可能性もあります。

ですから、どなたでもお越しいただくというのは、私にとってリスクが高く、トラブルの元になるのではという心配が常にありました。

そこで考えたのが、限られたお客様にリピートしていただくことです。

1回きりのお客様にたくさんお越しいただくよりも、限られたお客様に末長くリピートしていただければいいのではないか。これがサロン成功の鍵になるなと直感していました。

セラピストの目がはっきり見えていないことを理解したうえで、「それでもあなたの施術を受けたい」というお客様にリピートしていただければ、大方の心配事は心配ではなくなります。

そこで、リピーター続出と難波先生が太鼓判を押す3枠ポイントカードを導入することにしました。

結果は言わずもがな。私の視覚障害を理解してもなお、施術を受けたいと望んでくださるお客様が、定期的にリピートしてくださっています。

私のサロンでのご提案の流れは、まず、初回はご紹介という形で予約を入れていただいています。そして施術後に、3枠ポイントカードのご説明をする形です。そうすると、かなり高い確率で次回ご予約をくださり、3回目以降もご予約をとってお帰りになります。

もちろんトラブルもなく、安定してサロンを運営できています。

3枠ポイントカードの制度を導入した成果だと感じています。

## 事例2

## リンパケア・整体サロン&セラピストスクール　Garden
### 櫻井美穂さん（大阪府和泉市）

最近はサロンといっても珍しくなくなりました。それどころか、街を歩けばサロンがあっちにもこっちにも目に入るような状況です。そのサロンが、しょっちゅう看板が変わってしまうのも何度も見ました。今は、オープンから一年以内に閉店してしまうサロンが多いといわれています。

私は幸い、難波かおり先生のスクールで集客を学び、この3枠ポイントカードの方法を習っていたので、オープンから導入させていただいています。

お陰様で、サロンはリピーター様の予約でいつもいっぱいです。毎月、安定・安心してお店を継続することができています。

サロンの工夫としては、**3枠ポイントカードをお渡しするときに、このシステムがお身体や悩みのために必要であるということを、説明させていただいている**ことです。

施術中には、施術の説明を常に加えながら行っています。ですので、そのときに通っていただく意味や目指すゴールなどをスタッフが伝えることで、施術後のお客様への説明をよりわかりやすくしています。

たとえば、このようにお話ししています。

「施術を受けた日はとてもスッキリしますが、身体はこれまでの状態が『普通』になってしまっているので、その『普通』へ身体が戻っていきます。

戻る期間を少しでも伸ばせるよう、しっかりと早いうちにケアをさせていただきたいと思っています。

また、何回も通わないと受けられない特典よりも、しっかりとお身体に向き合い、来てくださる方に、そのつど還元させていただきたいというのが当店の考えです。

この機会にご利用いただくほうが、お得かつお身体への変化も感じていただけます」

実はうちのお店は、次回予約は促していません。

ですが、この3枠カードをお渡しするときに、お身体の状態が戻りきる前に来ていただくことで、しっかりと改善していけること、3回来ていただく意味をしっかりお話しさせていただいています。

そしてもちろんですが、3枠ポイントカードを使ってリピートすると、どれだけお得になるのかもお伝えします。

「すごく安くないですか⁉」

「お得じゃないですか⁉」

お得！

「いいんですか⁉」

そんなふうに喜んでいただけますし、お客様から「次回の予約をして帰ります」と言ってくださるのですよね。こちらから促しているわけではないので、押し売り感も皆無です。

お互いに必要として、来ていただきやすいところがすごいと思います。次回の特典が一目瞭然なので、お客様の不安要素も解消できているのではないでしょうか。

この3枠ポイントカードをお渡しすると、お悩みが強い方ほど、次回予約をうかがう前に、お客様のほうから次回のご予約を提示くださいます。

この3枠ポイントカードには有効期限がありますよね。ですから、**お渡しするときに当日の日付と期限を記入する**ようにしています。そして期限後はまた振り出しに戻ることも、ここでしっかりとご説明しておきます。

そうすることで、お客様自身に期限を意識していただくことができます。

そうは言っても現代人はとても忙しいです。中には、予定をたてるのもひと苦労な方もいらっしゃいます。

そんな方のために、3枠ポイントカードには一緒に、公式LINEのQRコードをのせることにしました。次回の予約をとらずに帰ってしまわれた方でも、QRコードから気軽に問い合わせができると好評です。

「あいているときに連絡します」と言っていただいていたけれど、それっきり連絡が来なくなるというのはサロンではよくある話です。でも、お客様自身がお得さを理解してくださっていますので、本当にお身体の改善や、悩みのことを考えて来られる方は必ずご連絡をいただけます。

喜んでいただけて、3回も来ていただけるのはとてもうれしいですね。

公式LINEではご相談や、ご予約も随時受け付けています。また、クーポンサイトやお店の特典等を比較し、お悩みに対してどうするのが一番お得に受けていただけるかも、ご提案させていただいています。

普通のポイントカードのようにポイントをいくつも貯めないといけないと、いつか貯まったら使おうと思いながらそれっきりになりがちです。

お店に行けば貯まるというのは、逆にいえばいつ行ってもいい＝いつまでも行かないにつながってしまいます。

そしてそれは、よくなるはずのお客様の身体へ向き合わせていただけないということです。お客様の身体のためにも、もったいないことだなと感じます。

真剣に自分の身体に向き合い、リピートしてくださるお客様に、そのつど感謝を表せるのがこのカードだと思います。

## 事例3
## salon de Estelle　梶山正美さん（兵庫県芦屋市）

集客アップはサロン経営を続けていくために、どうしても必要な部分だという思いがありました。ずっとなりたかったセラピストになれたのに、集客できなくて閉店になったら悲しすぎるからです。

そのための手段として、クーポン券、ポイントカード、ご紹介カードなどいろいろ考えました。一般的にはポイントを貯めていく方法が多いかなと思いましたが、中でも先生から教わった、3枠ポイントカードを導入することにしました。

結論からいうと、この3枠ポイントカードにして本当によかったです。

**3枠ポイントカードは、貯まるのが早いのが、パッと一目で見てわかる**とお客様の評判も上々です。

そして、進むごとにサービスが受けられるのがうれしいとのことでした。

地道にスタンプを貯めるのとは違い、わかりやすさを支持していただけていると感じます。3枠ポイントカードを導入する前より、リピーターの数も明らかに多く、違いは歴然としています。

これは、導入しないと絶対に損だと思います。

## 事例4

### 美活サロン華　東田有希さん（兵庫県明石市）

私のサロンでも、３枠ポイントカードを使用しています！
３枠のポイントカードはすぐに貯まり、貯まるごとに使えるので、お客様も楽しみに通ってくださっています。

私のサロンでは、３枠ポイントカードの有効期限を３か月に設定しています。というのも、私には６歳、４歳、１歳と３人の子どもがいて、まだまだ手が離せず、営業日数がとても少ないためです。

そんな私のサロンに通ってくださるお客様には、やはり何か還元したい。そこで私のサロン独自の工夫として、**３回目に来られたときのみ、フェイシャルリンパマッサージをプレゼント**しています。３回目は割引き＋フェイシャルリンパなので、とってもお得！

フェイシャルはメニュー化していません。３回目のお客様だけにプレゼントさせていただいている特別メニューです。3回目にしか味わえない特別感を、お客様もとても楽しみにしてくださっています。

だいたい3か月で3回目に来られますが、3枠ポイントカードとフェイシャルリンパの効果で、楽しみに待っていました！　と皆さん言ってくださいます。

何度もリピートしてくださっている方は、3回目だけ全身リンパマッサージに変更したり、いつもの施術に追加メニューを足したりして、お客様自身で3回目を楽しんでくださっていますよ！

## 事例5
## プライベートサロン「repos ~ルポ」　下畑摂子さん（和歌山県岩出市）

私は令和2年4月にリンパケア・エステをオープンしました。

もともとセラピストとして、サロンで雇われて働いていました。その頃はなかなか次回予約をとっていただけず、どういうふうにお客様にご予約の提案をしたらよいのかと悩んでいました。
自分に自信が欲しい、頼れる先生が欲しくてスクールを探し、リンパシーアカデミーと出会っていろいろなことを学びました。

特に印象的だったのが、ポイントカードを使っての集客方法です。

「ザイアンスの法則」というものを知ったのも、リンパシーアカデミーです。これは簡単にいうと、会えば会うほど信頼関係が生まれるという法則で、人は3回会うと、なじみ客になるそうです。そして身体の良い状態を持続させるためにも、法則と同様、3回続けてもらうのが一番良いとのことでした。

それを踏まえて、次回予約があきすぎないように必ず期限も決めます。

私のサロンでは1か月以内に3回来店してもらえるように、割引率を通常料金から1回目25％オフ、2回目30％オフ、3回目50％オフとしました。

そして1か月以内に3回来店していただいたら、さらにステップアップします。こちらは通常のものとはカードの色を変えて特別感を演出しています。

ステップアップした方には、１・２回目↓30％オフ、３回目↓50％オフとしています。こちらも期限は1か月です。

自分でもそうなのですが、やはりお客様にとって半額はうれしそうです。うれしいので、３回目はいつもより値段の高いメニューを選ぶわ、と言っていただけることも多いです。

身体に良い状態を記憶させていくので、お客様自身も身体の変化を感じてリンパマッサージを楽しみに来店してくださっています。

もう一つ工夫している点は、ビフォーアフターの写真を撮影し、体の変化を確認いただいていることです（１３１ページ「効果を『見える化』する」）。

やはり目で見てわかる変化があるとうれしいものです。ですから、必ずお客様のビフォーアフターの写真を撮影させていただき、その写真を一緒に確認しています。

変化を見てもらうことで、お客様自身のモチベーションが上がります。カードに期限も書いているので、特典を得るために、期限内に予約を入れてくださる方も増えました。

私は週末・祝日のみの営業なので、稼働日は月10日ほどです。しかも、時間は1日4時間ほどと短いです。それでも3枠ポイントカードを使用することで、次回のご予約が入り、まだオープンしたばかりで1日4時間、月10日の営業にも関わらず、月収は15万ほどあります。

ポイントカードを使用してから予約状況も収入も安定し、とても良かったです。

## 事例6

## 麻～asa salon～　市野麻弓さん（三重県松阪市）

私のサロンでは、初回20％オフというところまでは、ホームページに記載しています。お客様は、それだけでもお得に感じてくださっています。

そこで初回の施術が終わったタイミングで、次回も20％オフ、そしてその次以降は、期間内なら何回来ていただいても50％オフになることをご案内しています。とても大

50％オフなので、
いつもより高いコース
をお願いします♪

きな割引きですから、みなさんまず驚かれますね。そして、とっても喜んでくださいます。

「普段あまりケアしない場所も、50％オフならしてもらおうかな」

「50％オフなら今予約して帰ります！」

こんなふうに、いつもより高いメニューを選んでいただけたり、次回の予約をその場でいただけたりして、売り込みをする必要もありません。お会計の際の次回予約への誘導も本当にスムーズです。

また、この初回カードが期限内でいっぱいになった場合のみ、より割引率の高いゴールドカードをお渡ししていますが、そのことを早い段階でお伝えするようにしています。そうすることで、期限内での次回予約誘導がしやすくなります。

リンパケアマッサージは、継続してケアしていただくことに意味があると私は考えています。たとえば小顔美容矯正などは、最初に日をつめて来ていただくほうが効果も出ますし、その状態を維持しやすくなります。

お客様にとっても、この3枠ポイントカードは続けて来店しやすく、理にかなっているうえに、効果的だなと実感しています。


サロンオープン当初からこのカードを使用しているため、使わなかった場合のリピート客数の変化などは正直わかりません。しかし、月1回ペースと考えられているほうが**期限内で半額になるならと、早めてご予約いただくことも多々あるため、確実にリピ率は増している**と感じます。

私は正直、これより効果的なポイントカードを知りませんし、思いつきません。

サロンのオープン当初からずっと使い続けている3枠ポイントカードですが、これからも変わらず利用していく予定です。

事例7

## トータルビューティーサロンy's　加藤由紀子さん（京都府京都市）

私は難波先生のスクールの卒業生です。ですが、スクールに通う前からプロのセラピストとしてサロン開業していました。サロン経営も、自分なりにがんばっていましたし、もちろんポイントカードも導入していました。

ポイントカードって今はあたりまえになっていますよね。来店したら、またはサービスの購入額に応じてポイントが貯まり、貯まったら割引きしてもらうというのが、よく見るポイントカードです。私も例に漏れず、そんなポイントカードを導入していました。実際ポイントカードを使って変わることや効果などは、いっさい考えていなかったのです。

リンパシーアカデミーに通うことになり、難波先生からポイントカードの重要性を勉強させていただきました。

お客様が何を求めているかを理解していなければ、ポイントカードも無意味であることを学び、本当に目からうろこが落ちたのですよね。
おかげさまで、お店にとっても、お客様にとっても、メリットがあり、楽しんで通っていただけるポイントカードをつくることができました。

この3枠ポイントカードですが、お客様にお渡しすると、みなさん今までにないポイントカードにびっくりされます。定期的に通うことでどんどんお得になるので、施術を楽しみに続けていただくことができています。

いくら自分の身体のためだと思っても、際立ったお得感もないポイントを積極的に貯めようとは思いません。結局、行かないと身体がしんどいから……という切迫した思いで通うのはつらいですよね。その点、この3枠ポイントカードだとお得感しかありませんから、**お得感を満喫しながら、施術自体を楽しんでいただくことができる**のです。

もちろんリピートしていただけるお客様もぐんと増えました！

## 事例8

# パフューム名古屋　平島恵美さん（愛知県名古屋市）

私は、難波先生の技術のスクールを名古屋で開講させていただきながら、ネイルサロンを経営しています。もともとネイリストでしたので、お客様に定期的に来店いただく方法を学びたいと思い、受講しました。

「1か月以上もつから」と言われるのは、うれしいことでもあるのですが、お客様の爪の状態、そして、サロンの集客を考えると、間隔があきすぎるのは、正直厳しいと思いました。

そこで、ポイントカードを導入したところ、1か月半に1度のご来店だったお客様が、1か月以内に来てくださるようになりました。そして、お客様の本音もわかったのです。

「本当は爪の伸びが目立つ前に来たいけれど、もったいないからつい……。でも、このカードを利用すると、いつもよりお得ですよね」

もちろん、リンパマッサージのお客様にもご利用いただき、定期的にご来店いただいております。

❋　❋　❋

いかがだったでしょうか？

3枠ポイントカードを導入するだけでも集客率、リピート率はグンと伸びます。さらに、そこに独自のサービスや工夫をつけ加えて、それぞれのサロンの特徴を出し、うまく活用してくださっていますね。

繰り返しになりますが、この3枠ポイントカードを使った集客の方法は、言い方を選ばなければ、**「リピーター様を贔屓する」**ということです。

贔屓といえば聞こえが悪いですが、この方法は、ビジネスとしては一般的なものです。そもそもポイントカードの性質を考えると、お得意様を贔屓するというシステムなのです。

つまり、お客様を贔屓すればするほど、お得感を感じてリピートしてくださるということです。

とはいえ、お得感ばかりが先行してしまうと、お客様を失うことにもなります。ここはくれぐれも注意してください。

お客様だって、同じ人間です。何度もリピートしてくださっているからと、それを当然のものとしていると、**そのおごった心は、あなたが意識していなかったとしても、必ず態度に出てしまいます**。

お客様は貴重なお金を払ってくださっていますから、そういうささいな態度も敏感に感じ取っています。「理由はわからないけれど、最近あそこのサロンは居心地が悪いな」と思ったとしても、それを口に出すことはまずないといっていいでしょう。そして、1度のキャンセルをきっかけに徐々に足が遠のいてしまうのです。

そうならないために、3枠ポイントカードがあるから、リピートしてくださっているからといって、それを当然と思わないようにしましょう。**お客様に対して、無意識でいてはいけません。**

リピートしていただくための努力を怠らないことは、お客様ごとに自分に言い聞かせるくらいの気持ちでいてくださいね。結果を出すことはもちろんですが、接客・サービスが伴ったうえで、３枠ポイントカードがお客様のリピートをあと押ししてくれるのです。

# ✳第５章✳

## 顧客に長く愛される
## サロンにする！

# お客様の心をつかむカウンセリング

カウンセリングは、お客様のサロンに対する印象、満足度を左右します。

お客様のご希望はもちろん、結果を確実に出していくために、お客様の悩みや希望、何が原因でそのような状態になってしまったのかを、丁寧に聞き取る必要があります。悩みや症状に合わせたメニューをご提案できるのも、この場です。また、**お客様の疑問を解決し、信頼関係を築く場**でもあります。

どのようなサロンでもそうですが、お客様との信頼関係があるからこそ、細かな部分までお話しいただけますし、リラックスしていただけます。だからこそ、結果も出ます。

ここで信頼関係が結べないと、お客様は言いたいことがあっても、口に出しにくいでしょう。結果、「そうじゃないんだよなぁ」と、がっかりした気持ちでサロンをあとにされ、二度とお会いできないということになってしまいます。

サロンでの**カウンセリングという行為は、「最初のおもてなし」**だと、私はつねづね考えています。

おもてなしとは、心を込めて相手を歓待することをいいます。イメージとしては、目の前の相手に丁寧に接する、かゆいところに手が届くといった感じですね。

サロンにいらしたお客様をもてなす第一歩。これが、カウンセリングなのです。

私が昔経験したことですが、美容院に髪を切りに行ったとき、そうじゃないのだけどな……という髪型にされたことがありました。もちろん、事前にどのようにしますか？というカウンセリングはありました。そのとき、髪は結べたほうがいいけれど、今よりは短くしたいと伝えたのです。

この伝え方もあいまいだったかもしれません。しかし、美容師さんからもそれ以上聞かれなかったので、私はすっかり伝わっていると思い込んでしまったのです。

でも、蓋を開けてみると、確かに髪はぎりぎり結べるものの、想像よりも明らかに短い。想像より長いのなら修正もお願いできますが、短くなった髪を長くすることはできません。いかがですかと聞かれて、大丈夫ですよと答えるしかありませんでした。

ちゃんと伝えなかった私も悪かったなと反省しましたが、もやもやしたものが残ってしまい、結局そのサロンには行かなくなりました。

お互い、思い描いたものが違うことに気がつけなかった苦い思い出です。

対応次第でお客様を失う可能性もある……。これほどまでに、カウンセリングというのは重要なものだということです。お客様の立場に立ったら、カウンセリングをおろそかにするなんてできるはずがありませんね。

**相手の立場になり、思い込みをなくして丁寧に聞き取る。**この姿勢を常に意識することこそが、お客様をもてなす第一歩となるのです。

## お問い合わせの段階で、カウンセリングははじまっている

サロンにお客様をお迎えしたら、気持ちよく過ごしていただけるようにしようと準

備する。これは立派なおもてなしです。

ですが、あえていうと、メールにしろ、電話にしろ、お問い合わせをいただいたときから、おもてなしという名のカウンセリングははじまっています。そして、ただのお問い合わせで終わってしまうか、この先のご縁につながるかは、ここで決まってしまうといっても過言ではありません。

では、ただのお問い合わせで終わらせないためには、どうしたらいいでしょうか。それにはまず、お客様の心理を知ることです。

問い合わせをするというのは、一見なんでもないことのように思えるかもしれません。たとえば新しいスマートフォンが発売されたら、予約できるかどうか、携帯会社に問い合わせたという話はよく聞きますし、やったことがある人もいるでしょう。聞くだけならタダだからと、気軽に問い合わせをするイメージもあるかもしれませんね。

でもこの**問い合わせという行為は、お客様によっては勇気を振り絞って行われる**という場合が、往々にしてあります。特にサロンの場合だと、問い合わせたら売り込まれないかとか、全く知らないサロンだけど大丈夫かなとか、不安に思っている方もいるのですよね。

また人によっては、あれこれ質問したいことはあるけれど、聞くことに抵抗を感じている人もいます。こんなこと聞いていいのかな、失礼と思われないかな、何も知らないんだなって思われたくないな、など、抵抗を感じる要因はさまざまです。

このような心理的抵抗を取り除かなければ、その先に進んでいただくのが難しいことは、わかっていただけると思います。

なので、電話やメール、そのほかどんな方法であれ、**最後に「何かわからないことなどがありましたら、ご遠慮なくお問い合わせください」という言葉を入れる**ようにしましょう。この言葉があるだけで、ほっとして本当に聞きたいことを言ってくださることが多いですよ。

クライアント
わからないことが
あれば、ご遠慮なく
お問い合わせください

## カウンセリングの三つの種類

さて、実際にサロンにお客様を迎えたら、どのような流れでカウンセリングを行うかみていきましょう。

サロンでのカウンセリングは、大きく分けて三つのステップがあります。

①プレカウンセリング

施術前に行うカウンセリングです。

ここで**お客様の体調やメニュー内容の確認・説明**などを行います。金額の確認もここでしましょう。カウンセリングの内容によっては、メニューの変更を提案したほうがよい場合もあります。

施術前の重要な確認であり、お客様の状態、ご予定、ご希望に応じて、柔軟な対応が求められます。

②ミドルカウンセリング

施術中に行うカウンセリングです。

力の強弱など、ちょっと言い出しにくいけれど不満に思っていることはあるものです。そのちょっとした不満を解消するためにも、こちらから声をかけ、お客様の要望があれば対応しましょう。

また、この部分が凝っているのでほぐしていきますねなど、**気づいたことをフィードバックする**場でもあります。これがあることで、お客様自身も自分の身体の変化に気づきやすくなります。

ここでは、後述する**クローズドクエスチョンでお客様の状態を把握**しながら進めていくようにしましょう。

③アフターカウンセリング

施術後に行うカウンセリングです。

**今回の施術の振り返りと、今後のご提案**をしていきます。

リンパケアは1度の施術でも結果は出ますが、その状態をより良く保つためには、継続することが必要です。売り込みではなく、お客様の体調を整えるためのご提案を丁寧に行い、次回のご予約を聞くようにしましょう。

これら三つのステップを丁寧に行うことで、お客様からの信頼も得られますし、なにより満足していただける施術を提供できるようになります。

そして、これらの接客を大前提としたうえで、ここからは少し技術的なことをお話します。

カウンセリングの手法として、**クローズドクエスチョンとオープンクエスチョン**という二つの質問方法があります。この二つの質問をうまく使い分けると、お客様の望んでいることを深く知ることができ、的確なカウンセリングを行うことができるようになります。

それぞれ、どんな質問方法かなのかは、次のとおりです。

クローズドクエスチョンとは、「YESかNO」「AかB」など、回答を限定した質問のことです。体調が良くなったらうれしいですか？　などのように、うれしいかうれしくないか、どちらかの回答になるような質問です。このクローズドクエスチョンで、相手の意思をはっきりさせることができます。

対してオープンクエスチョンは、回答を限定しない質問です。自分の身体で気になる不調はありますか？　など相手から情報を得たいときに使う質問方法となります。

この二つを意識的に使い分けることで、向かうべき方向とお客様の意思を一致させていくことができます。

こちらがどんなに続けたほうがいいと思っていても、お客様にその意思がなければ続けてはもらえませんよね。また、お客様が望んでもいないことをおすすめしては、押し売りと思われかねません。そこで、**クローズドクエスチョンで意思を確認したうえで、オープンクエスチョンでどんなふうになりたいかを引き出し、またクローズドクエスチョンで意思を確認する**……というように進めていきます。

慣れないうちは戸惑うかもしれませんが、積極的に取り入れていくようにしてみてください。

前にもお伝えしたとおり、カウンセリングとはおもてなしです。笑顔はもちろんですが、おもてなしの気持ちが伝わるように言葉に感情をのせてください。必然的に、明るい声になるはずです。

**第一印象はとても大切**です。くれぐれも気をつけてくださいね。

## カウンセリングでリピート率がアップする

はじめてのカウンセリングでお客様と接するセラピストは、いわばサロンの「顔」。このカウンセリングでリピート率が変わってしまうほど、非常に重要な部分です。

お客様は、どうしても解消したい悩みを抱えてサロンを訪れてくださいます。ひどい肩こりも、午後になると出てくるむくみも、ただただ癒やされたいという思いも、どれもお客様にとっては解消したい悩みです。

その**悩みに寄り添い、共有する**ことができれば、ここだったら自分の悩みを解決してくれるに違いないと、最初に信頼感を得てくださいます。この信頼感を確認するのが、実際の施術の時間です。

一つの例として、私のサロンのお話をします。

私のサロンでは、デトックス蒸し（ハーブ蒸し）＋リンパケアのメニューがあります。このデトックス蒸しで使うハーブは、誰でも同じものを使っているわけではありません。カウンセリングを通して、お客様の悩みに合わせてハーブを配合します。

つまり、そのお客様のためだけのデトックス蒸しとなるのですね。

すると、お客様は決まって、まさか自分のためだけにハーブの配合を変えてもらえるなんて思わなかったと感動してくださいます。

お客様に、特別感を得ていただけるのです。

**人は特別感が大好き**です。自分のためだけのメニューなんだと思うと、やはり好印象を抱いてもらいやすくなります。その時点で、もうリピートの気持ちはほぼ決まったようなものなのです。

施術後は、すでにリピートの気持ちが決まっているので、3枠ポイントカードの話も聞いていただきやすい状態です。むしろ、3枠ポイントカードがなくてもリピートする気だったのですから、よけいに3枠ポイントカードが魅力的に見えるでしょう。

カウンセリングでいいお店だなと思っていただけていたなら、3枠ポイントカードが決定打となること請け合いです。

## 好意的な口コミをいただくには

サロンにとって、自分のサロンを選んでいただけるかどうかに深く関わるのが、口コミです。最近、クーポンサイトなど、お客様自身が口コミを書き込めるのがあたりまえとなっています。

お客様は、いい口コミを書こうが、悪い口コミを書こうが、よほどの悪意がない限り、なんら影響がありません。

つまり、素直なご感想を書いてくださるということですね。お客様にとって、同じお客様という立場の人が書いている口コミは、それだけで信用度も高くなります。

つまり、サロンのホームページで、どんなにきれいで良いことが書かれていても、低評価の口コミばかりだと、その低評価の口コミを信じるので選ばれないということになります。大切なお金を払って、自分の身体を任せるのですから、お客様は安心して来店できるサロンを探しているのです。

そして、この口コミは、決して口コミサイトでなければできないということはありません。サロンでいただいたお客様の声を、ブログでご紹介するのも、口コミサイトと同じ効力を持ちます。

**サロンを選んでいただくために、口コミほど強いものはありません。**お客様の口コミ紹介であれば、ご来店前から信頼していただけているということで、サロンにとっては本当にありがたいことです。

直接のご紹介でなくても、口コミサイトのレビューを見てご予約いただいた場合も同様です。直接紹介ほどではなくても、みんながいいといっているから、きっといいサロンなのだろうと、信頼してご予約をしてくださるからです。

そのような理由から、サロンに来てくださったお客様からご感想をいただくのは、とても大切です。

こういう話をスクールでもするのですが、そのときに受講生が決まって言うのが、「お客様が施術に満足していただけているかどうか、自信がありません」というセリフ。少し厳しい言い方にはなりますが、**お客様に満足していただくのはあたりまえ**のことです。お客様があなたの技術に満足することは最低ラインです。

お客様が少しでも満足しなければ、それは「不満足」ということです。

お金をいただいてプロとして施術する以上、満足していただけないかも……、と思いながら提供するのは、お客様にたいへん失礼なことです。ですから、私のスクールの受講生は、プロとしてお金をもらえるレベルに達してはじめて卒業としています。

プロとして満足していただける技術を身につけたら、そこからがセラピストとしてのスタートです。

**口コミというのは、お客様がわざわざ自分の時間を割いて書いてくださるもの。**つ

ご感想を
おねがいできますか？

まり、最低ラインの満足だけでは口コミはいただけないことが多いのです。

ではどうすればいいかというと、お客様が口コミを書きたくなるような＋αの感動を与えることです。

「感動を与える」というとハードルが高いように聞こえるかもしれませんが、そんなことはありません。特別なゴッドハンドはいらないのです。

## 感動を与え、記憶に残るサロン

私の体験談を少しお話ししますね。

私は福岡から大阪に出てきたのですが、引っ越してきてすぐ、土地勘も何もない状態で美容院を探していました。

そこで目に留まったのが「大阪初！　パーソナルカラー診断であなたに合ったカラーを診断します」とうたったヘアカラー専門店。私は髪を傷めずにヘアカラーをしたかったので、ヘアカラーの専門店という点が、自分の悩みを解決してくれるサロンと合致。また、パーソナルカラー診断もおもしろそうだなと思って、予約を入れました。

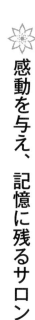

来店してからは、パーソナルカラー診断のカウンセリング後にヘアカラーを行うという、ある意味予想どおりの展開。それでも、パーソナルカラーは楽しかったし、私としては満足のいくものでした。

でも、予想外だったのはここから。

ヘアカラーって、髪にカラー剤をつけてから20～30分、染まるのを待ちますよね。その待ち時間に、ドリンクはいかがですか？　と、オーナーさんがかわいいメニュー表を出してくれました。これ自体は、そんなに珍しいことでもなく、私は普通に大好きなカフェラテをお願いしました。

私の注文をとり終えてオーナーさんが奥へ戻ると、すぐにそちらからガーっという音が……。何かなと気になりつつ待っていると、なんとかわいいラテアートが出てきたのです。カフェを併設しているというわけでもなく、彼女が自分でいれてアートまで描いていました。

これだけでも感動ものなのですが、聞くと、彼女はコーヒーが大好きなんだそう。

「おいしいコーヒーを出したくて、15万円くらいのドイツ製のマシンを買っちゃったんです。でも、女性はブラックが苦手な方もいるだろうし、ラテも出したいなって。でも、普通じゃおもしろくないから、スタッフ全員連れてラテアートを習いに行ったんです」

キラキラした瞳で、そのようにお話ししてくださいました。そのお話に、お客様を大切にし、楽しませてくれる素敵な人だなと、私はさらに感動してしまったのです。はじめてのサロンということもあって、少し緊張していましたが、そこで一気に会話が生まれ、コミュニケーションをとることができました。

これは、重要なポイントです。コミュニケーションがとれたことで、私はそのラテアートを写真に撮らせてもらい、SNSに投稿しました。**私の得た感動を、周囲の方と分かち合いたいと思い、それを行動に移した**のです。

さらには、自分のサロンのスタッフやお客様にこんなヘアカラー専門店があってねとお話するので、結果的にいろんな方が私経由でそのサロンを訪れ、ご紹介したとい

う形になったのです。

ここまででお気づきになったかもしれませんが、私は一切、そのサロンのヘアカラーの腕前についてはお話ししていません。ヘアカラー専門店なのですから、そこについては満足していることが前提です。そのうえで、思ってもいなかったサプライズを受け、お客様を大切にしているサロンなのだと感動したわけです。

感動とは相手の心を動かすこと。そのために、記憶に残るようなおもてなしで、SNSで発信してもらえるような材料をつくるということです。

実はこのお話には続きがあって、そのサロンに通い続けた、ある夏の日のこと。オーナーさんが、かき氷を出すことにしましたと言ったのです。

正直、来たな~！　って、期待を膨らませてしまいましたよ（笑）。だって、プロと見まごうほどのラテアートを出すサロンですから。

やはり期待を裏切らず、奥のほうから氷を削る音。そして出てきたのは、細長いシャンパングラスに入った、抹茶とあずきのかき氷。見た目もおしゃれで、胸が弾みました。そして、オーナーさんの思惑どおり（？）に、その写真をＳＮＳへ投稿しました。もちろん、この感動を伝えたいという純粋な気持ちで、です。

こんなふうに、**お客様をいかにワクワクさせるか**ということが重要なのです。そのワクワクが感動となって、口コミをいただけるというわけです。

## あなたのサロンでは、どのようなおもてなしができますか？

美容院で飲み物を出すというのは、最近はわりと一般的です。飲食店ではないので、そのほとんどはインスタントか市販のジュース。でも、みんながやっているからと、それを自分もやる必要はありません。むしろ、**お客様の予想をいい意味で裏切る**くらいでちょうどいい。

リンパケアサロンの場合だと、施術後にアフタードリンクを出してくれることが多いです。定番はハーブティーですね。

でも、実は私、ハーブティーが苦手です。いくら身体にいいとわかっていても、ハーブティーを好きな人が多いというのを知っていても、自分が苦手なものを出す気にはなれませんでした。自分が好きでないと、自信を持っておすすめできないからです。ですから、私のサロンではアフタードリンクにビネガーを出していました。自分が好きなものを出していたのです。

ビネガーなんて珍しいですね！　と、喜んでくださる方がとても多く、お友だちに話してくださる方もいらっしゃいました。酢が苦手な方もいましたが、別のものを用意させていただきますと提案すると、お酢は身体にいいし、ここでしか飲まないからいただくわと言ってくださることもありました。

また冬は、帰り際に使い捨てカイロをお客様のお腹に貼ったりもしていました。手渡しだけだと面白くないので、はいお腹出してくださいと言って、セーターを上げてもらい、貼ってあげたりもしました。慣れてくると、お客様も自然とセーターを上げてくれるようになり、その行為をお互いに楽しむようになっていました。

お客様が飽きないように、よく模様替えも行っています。リピーター様からは、なんだか玉手箱みたいですねとご好評いただきました。

こんなふうに、**ほかのサロンがやっていない、ある意味予想外のことでお客様に感動を与え、記憶に残してもらう**ことが、好意的な口コミにつながります。

そして感動を得てくださったところで、3枠ポイントカードをお渡しするのです。3枠ポイントカードのお得感にまずは驚かれるでしょう。その次に思うのは、今予約しなければ、すぐに予約がいっぱいになるだろうということです。

こうなるとこちらが何も言わなくても、次回の予約を申し出てくださいます。それがなかったとしても、次回の予約はどうしますか？　と声をかければ、ご予約を入れてくださることがほとんどですよ。

## 効果を「見える化」する

疲れというのは、自覚はあってもなかなか目には見えません。むくみなどは比較的わかりやすいですが、肩こりなどは見た目にはわからないものです。わからないけれど、つらいからみんな悩んでいるのです。

その疲れが目に見えたらどうでしょう？

私のサロンでは、むくみや肩こりなどの悩みを解消するものはもちろん、リラクゼーションメニューであってもビフォーアフターの写真を撮り、お客様に見ていただいています。

ビフォーアフターの写真で、肩こりが解消されたのが見えるわけではありません。しかし、リンパが流れたことによってむくみが取れ、ほっそりしたことはわかります。お客様は、気持ち良くて癒やされた、体が楽になったと感じてくださっています（お客様が満足してくださる、結果の出る技術があることが大前提です）。その楽になったという感触は、目には見えない主観的なものですね。

それを自分の感覚だけではなく、体が変わったからなのだということを見ていただくのです。

これを、私は**「効果を見える化する」**と呼んでいます。

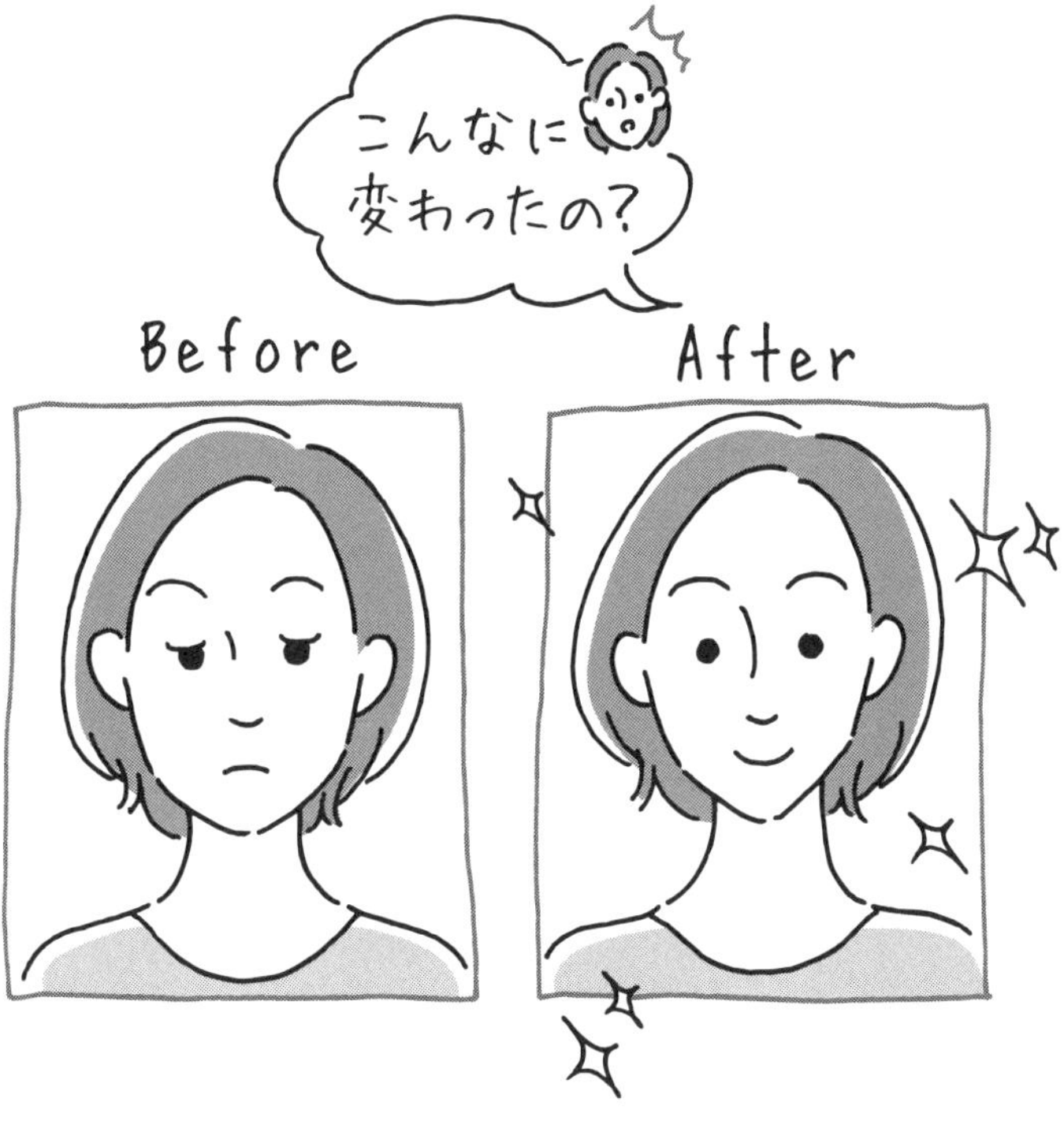
こんなに
変わったの？
Before
After

施術前と比べると、こんなにも変わりましたよ、ずいぶんお疲れだったのですねとねぎらうことで、お客様の心にもそっと寄り添うことができますね。

お客様にとって、悩みの解消は生活の質が上がるほど重要なことです。そのためには、定期的に通っていただくことが、お客様の体にとってもっともいいことです。効果を見える化すると、一回でここまで楽になって、実際に見てわかる結果が出るのだから、定期的に通ったらもっと良くなるはずだと理解していただけます。

**癒やされたという主観と、ビフォーアフターの違いを見て結果を理解する客観、この両方を知る**ことで、通わない理由がなくなります。

そこに3枠ポイントカードをお渡しすることで、喜んでいただけますし、さらにリピート率が高まるというわけなのです。

# 第６章

## あなたにもできる！
## Q&Aでサロンの問題解決します！

1〜4章までお伝えしたポイントカードだけでも、リピーター様はつくでしょう。

とはいっても、サロン経営はそれだけではありませんね。

ここでは、そんなサロン経営の疑問点にお答えしていきますね。

## Q 上手に次回の予約を促す方法はありますか？

## A あたりまえのように次回の予約を聞いてください。

「次回のご予約はいつになさいますか？」


施術が終わったお客様に、あなたはこのセリフを自然と言えていますか？

この一言を言うのに、売り込みみたいで抵抗があります、とおっしゃるセラピストさんは、本当に多いです。

ですが、売り込みみたいというこのセリフを、毎回必ず、しかも自然に聞く場所があります。

それは、病院。特に必ず予約をとるという意味では、歯科クリニックが想像しやすいでしょう。

私たちの身体は、健康であればそのことが意識にも上らないくらい、何もない状態が普通です。歯も痛くないのがあたりまえで、普段それを意識することはありませんね。ですが痛みがあれば、それは普通の状態ではないということなので、当然意識に上らないなんてことはなくなります。そこで私たちは、これはたいへんだとクリニックへ行くことになるわけです。

さてそこで、治療が1回で済めばいいですが、痛みが出る状態になっている歯は、すでに状態が悪くなっていることのほうが多いものです。もちろん治療も、それなりに時間がかかります。1回の治療では、なかなか終わらせることはできません。

ですから、今の痛みを取るだけなのか、他の虫歯も一緒に治療するのかなど、患者様の希望をもとに、歯科医が治療の提案をしていきます。患者様の希望が満たされるまでは、しっかり治療を継続し、通っていただくことになるのですね。

もちろん、セラピストは治療家ではありません。しかし、お客様のご希望や体調などを考慮しながら、歯科医のように、プロとしてのご提案はするべきだと私は考えています。

お客様の悩みを解消してあげられるのに、その方法を提示しないなんて、それこそ無責任だと思いませんか？

お客様のつらさを解消してあげられるのなら、その方法を提示しましょう。そこで一緒にポイントカードのお話もつけ加えれば、継続のハードルはぐっと下がります。

またリンパケアをはじめ、癒やしを目的とする施術の多くは、不調を予防するという側面ももっています。目の前の不調を解消するだけでなく、良好な状態（不調を感じていない状態）をキープすることに、その真価が隠されています。ですので、私は、調子が悪くなったからケアするのではなく、定期的なメンテナンスは必要だということも合わせてお伝えしていました。

そこから、続けるかやめるかを選ぶのはお客様。セラピストにコントロールできることではありませんので、**もしご予約を断られた場合でも、落ち込む必要はありません。**来てくださった感謝とともに、快く送り出してくださいね。

## Q 次回の予約をお聞きするのは、押し売りみたいに思われませんか？

## A リピートで得られる効果をご説明し、さらっと聞けば大丈夫！

リピートされるための鉄板は前述のとおり、「次回の予約を聞くこと」です。聞かなければ何もはじまりません。

勧誘していると思われるのはいやだからという方もいますが、それはお客様のことを考えているようで、考えてはいません。「よく見られたい」という自分の感情を優先しているからです。

本当にお客様のことを考えるなら、いい状態をキープするためにもう少し通われたほうがいいだろうと考えるはずなのです。そのお客様にとって、もっともいい状態、悩みが解消された状態を保つことこそが、セラピストとしての務めだと思います。

お客様がサロンにご予約を入れてくださるのは、自分の悩みを解消したいからにほかなりません。それなのに、1回の施術だけして、今後どうすればいいかの案内がないとなると、お客様としては知らんぷりされているようなものだと思いませんか？

そう思えば、**むしろ次回のご予約をこちらから提案することこそが、お客様のことを真剣に考えていることの証**ではないでしょうか。

もちろん、なんの脈絡もなく次のご予約をとるようにすすめるとか、お客様の思い以上の熱量で強くおすすめするのは、勧誘とか押し売りと思われてもしかたない部分があります。

そうではなく、**プロとして、お客様の今の状態と、リピートすることで得られる結果をしっかりとご説明して納得していただくこと**。そのうえで、お客様の負担にならない程度にさらりと聞く、これが重要です。

たとえばですが、糖尿病の治療をしている患者さんが、いつまで経っても血糖値が下がらないという状態を想像してみてください。良くならなければ、どんどん薬が増えていくかもしれません。

不審に思った医師がよくよく話を聞くと、患者さんは治療中にも関わらず、毎日大量に甘いものを摂取していることが判明しました。これではせっかくの治療も結果が出せないのはおわかりいただけると思います。

セラピストとお客様が、同じ方向を向いて同じ目標を共有し、それに向かって協力することで、施術の結果はぐっと引き上げられます。

だから、丁寧な説明と、お客様の納得が重要になるのです。


またお客様の立場からすると、はじめて訪れたサロンで、自分から次回の予約を申し出るということが気軽にできるでしょうか？　まだ緊張していて、言い出せないことのほうがずっと多いのではないでしょうか。

緊張しているお客様を前にしても、勧誘と思われたくないから次回のご予約を提案しないというのは「そっちから言ってくださいね！」と言っているのと同じことです。なんだかちょっと傲慢で厚かましいですよね。

次の予約をしたいけど、言いにくいな…
次の予約を受けたいけど、勧誘に思われないかな…
スッキリしたわ！
いかがですか？

**施術後というのは、お客様がケアの効果を最大限実感してくださっているときです。この一番のチャンスを見逃してしまうのはもったいないことです。**

だからといって、しつこく勧誘するのはNGですよ。勧誘とはたとえば、スケジュールがわからないというお客様に、どうにかして予約するよう時間をかけて説得するなどの行為です。

自分にはそのつもりがなくても、お客様がしつこく勧誘されたと感じてしまえば、サロンのイメージはそれだけでガタ落ちになります。

そうではなくて、最後までスマートに、お客様をエスコートしてほしいものです。

とはいっても、何かしらのお得感や、お客様への感謝の気持ちを表す形があると、提案しやすいのも事実です。

そこで活躍してくれるのが、ポイントカードというわけですね。

「本日はありがとうございました。

今回施術させていただき、お客様のお体（お肌）はこういった状況でした。

3回ご来店いただけることで、お客様ご自身が変化を感じていただけるかと思いますので、こちらのカードを差し上げますね。

本日は、チラシ（またはクーポンサイト）のご利用で、20％オフです。このカードの1回目となります。次回は2回目となり、本日と同じ20％オフ、3回目は50％オフとさせていただきます。

よろしければ、次回のご予約をうかがいましょうか？」


ポイントカードを導入すると、こんなふうに、次回のご予約を自然と提案することができます。お客様にとっても、続けて通ったほうがいいこと、そしてそのほうがお得だということが伝わりますから、予約していただきやすいのです。

## Q ネット集客をしていれば、チラシは必要ありませんか？

## A 地域密着型ビジネスであるサロンに、チラシはたいへん有効です。

チラシというのは、地域密着型ビジネスであるサロン業界において、とても有効な集客動線の一つです。

とはいえ、一見とてもきれいで見栄えのいいチラシでも、ポイントを押さえていないと効果は出ません。逆に、全部手書きのチラシでも、ポイントさえ押さえてあれば結果が出ます。

**チラシには、お客様に行動を起こしていただきやすいつくり方がある**のです。せっかく時間とお金をかけてチラシをつくるなら、効果の出るものをつくりたいですよね。

チラシは集客の第一歩ですから、少し詳しく解説していきますね。なお、はじめのほうでお伝えしたフリーペーパーもまた、同様の考え方になります。

①　チラシのサイズ

**チラシの大きさは、Ａ４サイズ**がもっともよいとされています。**チラシの向きを縦にするか横にするかは、ターゲット層によって決めましょう。**

たとえばターゲットが主婦なら、横向きがいいでしょう。なぜかというと、主婦はスーパーの横向きチラシを見慣れているからです。見慣れている形のもののほうが、親しみやすく、目を通しやすいのですね。

では、ターゲットが会社員の方ならどうしますか？　会社員の方が見慣れているのは、縦向きの書類などですね。ですから、縦向きにします。

また左上から右下へ「Ｚ」状に目線を誘導すると、自然に読んでいただけますよ。

②　キャッチコピー

**キャッチコピーというのは、いわば「選ばれる理由」**のことです。これは自分で考えてもいいのですが、**お客様の声を使う**ほうが、説得力があります。お客様の声を採用する際には、できればそのまま使いましょう。変に整えると、うさん臭さが出てしまいます。

### ③　メニュー

メニューは選ばれる理由の中でも、メインとなる情報です。ですから、丁寧に説明しましょう。

丁寧にといっても、専門的な話を詳しくすればよいということではありません。ここでの説明は、**メニューの情報や施術の行程など、見込み客が紙面上でプチ体験できるようなもの**がよいでしょう。

特に女性は、サロンといえども外出するのに手を抜くことはありません。たとえば一度お化粧を落とす必要があるのなら、しっかりと書いておきましょう。当日突然伝えても、化粧品を持って来てないのに……と、お客様を困らせてしまいます。それを理由に施術を拒否されてもいたし方ないといえるほど、お化粧は大切なことです。

着替えを要する場合も同様で、たとえ女性のセラピストが施術するにしても、ちゃんとしていたいというのが女性です。ましてやサロンという非日常を体験しに行くのですから、女性が気持ちを高めたいのは自然な流れです。

つまり、お客様にしていただきたいことをしっかりと書いてあれば、納得し、来店してくださいます。

基礎化粧品はあるのか、お化粧直しのスペースはあるのか、着替えのタイミングや方法など、施術の流れとともにしっかり記載してあると、信頼度も高まります。

### ④信頼される根拠

あなたのサロンが信頼されているという根拠を示します。根拠といっても難しく考える必要はありません。

必要なのは、**客観的な評価（実績など）、主観的な評価（サロンのストーリーやコンセプト）、セラピスト自身のこと（顔写真や自己紹介）**です。

客観的な評価とは、セラピスト歴○年とか、これまでのお客様の人数などのことです。すでにセラピストとして活動されている方は、これらをしっかりと明記しておきましょう。

ただ、私もそうだったのですが、未経験からスタートされたばかりの方は、まず実績というものがありませんね。そういうときは、その技術を獲得するまでに至った時間を数字に換算してみましょう。

たとえばお悩み解決系のサロンで、自分自身がその悩みがあったからずっと独学で学んでいたとしましょう。そして、スクールに通い、念願かなってセラピストになったのなら、独学＋スクールで学んだ期間を明記します。これなら、何十時間、何百時間となりますよね。

経験はあるものの固定客が少ないという方は、これまで施術したのべ人数を書くといいでしょう。

主観的なストーリーやコンセプトは、あなたがなぜセラピストという道を選んだのか、どういう理念で取り組んでいるのかという根本の部分に当たります。ここでお客様の共感を得ることで、信頼していただきやすくなります。

セラピストになったのは稼げるからですという人と、自分が落ち込んでいたときにリンパケアに行ったら、癒やされて救われたから、同じような方を癒やしたいという人とでは、やはり後者のほうがいいなと思いませんか？

お客様としては、自分以外の人が信頼していて、いいよと言っているところに行きたいものです。日本人は、よけいにそういう傾向が強いのはわかっていただけると思います。

ですから、**客観的な評価を示しつつ、自分の想いを伝えて信頼していただきましょう。**

## ⑤特典

特典というのは、このチラシを持参してくださった方は20％オフとか、ハンドマッサージをサービスしますとかいったものです。

この特典をつける理由は、まだ来店されたことのない方に、予約をする、またはＷｅｂに飛んでいただくという行動を起こさせるためのものです。

やはり、誰しも「お得」が大好きです。**大好きなものをうまく使って、行動を起こすという勇気を引き出し、背中をそっと押してあげる**のです。

悩みがある方も、行動を起こしてくださらなければ、その悩みを解消することはできません。お客様の快適で健康な幸せのためにも、ぜひともここで行動を起こしていただきましょう。

また、チラシを渡すときにもひと工夫しましょう。人は凹凸のあるものを握る癖がありますから、チラシをくるくると丸め、カラーゴムで留めて差し出すと、受け取ってもらいやすくなります。

チラシを捨てられないための工夫もあるといいですね。ポケットティッシュと一緒にチラシを配っているのはその典型です。ティッシュでなくても、飴が一ついているだけでも違いますよ。ぜひ試してみてくださいね。

キャッチコピー
メニュー
サイズ　A4
リンパマッサージで
体も心もスッキリ！
「顔がひとまわり小さくなりました！」（K様40才）
「ウエストが1サイズダウンしました！」（C様50才）
リンパマッサージで癒されながら浮腫みを～…
-Menu-
○○○；¥16,000
○○○；¥12,000
○○○；¥10,000
セラピスト歴20年
このチラシ持参で
20%OFF!
○○○江
実績
特典

## Q「このサロンに行きたい」と思っていただくには、どうしたらいいですか？

## A どんなお客様に来てほしいか、明確にしましょう。

一つたとえ話をします。

あなたがむくみで悩んでいて、どこかいいサロンがないだろうかと探しているとしましょう。

あなたなら、次のどちらのサロンに行きますか？

**①身体の不調はなんでも癒やす、門戸の広いサロン**

**②むくみ解消に特化した専門サロン**

どちらのサロンも、むくみを解消することはできるでしょう。でもどちらかを選ぶなら、②のサロンではないでしょうか？

病院なら、腰が痛いときには内科ではなく、まず整形外科に行きますよね。やはり専門の診療科に行って、しっかりと不調を解消したいというのが人間の心理なのです。同じように**サロンも、専門性があるほうが選ばれます。**このサロンが自分には必要だ、このサロンが悩みを解決してくれる！と思われて、はじめて選ばれるのです。むくみ専門のサロンを営んでいるなら、むくみで悩んでいる方はあなたのサロンを選ぶでしょう。

ただし、むくみ専門のサロンはそこそこありますし、正直どこのサロンでも解消できることを、お客様も知っていることがほとんどです。痩身専門サロンも、フェイシャル専門サロンも世の中にはたくさんある。だからこそ、来ていただきたいお客様を明確にし、このサロンこそ、自分が求めていたサロンだ！　と思っていただかなくてはなりません。

そこで必要になるのが、お客様に「これは自分のことだ！」と思っていただけるターゲットの絞り方です。自分のこととして感じられるからこそ、このサロンなら悩みを解消してくれるのだと理解して、選んでいただくことができるのです。

**ターゲットはどう絞るかというと、こんな人に来てほしいというモデルをまず一人決める**ことです。これは、実際のあなたの知り合いでもいいですし、実在しない理想のお客様像でも大丈夫です。

そのお客様は、何歳くらいでしょうか。結婚、子ども、仕事などの生活環境はどうでしょう。結婚しているなら、子どもは何人いますか？　仕事は順調でしょうか。そして、どんな解決したい悩みを持っていますか？

そんなことまで想定するのですか？と思うくらい、もっと事細かに設定してください。それが、あなたがサロンに来てほしいと願うお客様像です。

そしてその人だけに向けて、サロンの情報やお役立ち記事、クーポンなどを発信するのです。

年齢40歳
既婚
趣味は
アウトドア。
たまに家族で
キャンプにいく
外資系の会社の
営業部
子どもは
上が女の子、
下が男の子
共働き
デスクワークで
首、肩、腰が
つらいのが悩み

理想のお客様

たった一人に向けて発信しても、その人しか来なかったら意味がないじゃないかと思うかもしれません。でも大丈夫。そんなことにはなりません。たった一人の心を動かすための発信は、大勢の人に自分のこととして届きます。

あなたの好きな恋愛ソングを思い浮かべてみてください。みんなこんな恋愛したよねという感じの歌詞ではありませんよね。おそらく、君とこんなことがあった、君が、君と、君だから……。

そうです、たった一人へ向けた歌詞になっています。それなのに、大勢の人が共感して心を震わせていますよね。本質はそれと同じことなのです。

こんな悩みを持ったあなたに来てほしい。そのあなたの悩みを、私のサロンが解決できますよ。

自信を持って、そう発信してください。あなたのその**たった一人へ向けたラブコールは、大勢の同じ悩みを抱える人に届きます。**彼女たちをあなたの手で、笑顔にしてあげてくださいね。

**Q** ヘアサロンなど、ひと月の間に何回も通うことのないサロンのポイントカードのつくり方を教えてください。

**A** 有効期間を長めに設定した3枠ポイントカードをつくりましょう。

私はリンパケアサロンと、その技術を教えるスクールを経営しています。ですが、ネイルサロンやヘアサロン、リフレクソロジーサロンなど、サロンの業種は多くありますね。そして、それらの業種でも、この3枠ポイントカードを活用することはできます。

その**業種によって、お客様にリピートしていただく理想的な期間というのには、違いがあります。**

たとえばネイルサロンの場合を考えてみましょう。どんなにきれいにネイルをしても、爪は伸びますから、定期的にネイルをやり直す必要があります。また、長期間ネイルをしっぱなしにしていると、菌が入り込んで最悪の場合、カビが生じることもあります。

美しい見た目のためにも、そして菌の繁殖を予防するためのお手入れとしても、定期的なメンテナンスは必須といえます。これはつまり、３枠ポイントカードを活かすことができるということです。

もう一つ、ヘアサロンも検証してみましょう。

ヘアサロンの場合、リピートの回数や期間は髪の長さにもよります。ショートカットなら３週間から１か月半のリピートが理想的でしょう。ロングの方なら、１か月半から２か月くらいを目安としてもよいでしょう。

ヘアカラーの場合は、１か月くらいで根元が目立ってきますから、気になる方はこまめにリピートする部分でもあります。

ヘッドスパなら、毛穴のつまりを取り、頭皮を柔らかくしますから、定期的に通うのが断然おすすめでしょう。睡眠不足やストレスなど、日々の生活で頭皮の状態は元に戻っていってしまいますので、定期的に続けることでいい状態が続き、効果が上がります。そのことを丁寧にお話ししてください。
それでも、リンパケアサロンと比べると、リピートのスピードはゆっくりといっていいかもしれません。ネイルサロンやヘアサロンの場合、お客様はリピートするまでの期間をついつい長くとりがちです。

ではこれらの業種が３枠ポイントカードを活かすにはどうしたらよいでしょう。それは、**有効期間を９週間に設定する**ことです。３週間に１回のペースになりますので、私はこれを**３WEEKカード**と名づけています。
そして、３WEEKカードをお渡しする際、３週間の根拠をきちんと説明してください。ネイルの場合は爪の病気にならないために、ヘアの場合は朝のスタイリングが短い時間で済むなど、理由をお話しすることが大切です。これは、基本の３枠ポイントカードと同じです。

どんな業種のサロンであっても、適切なお手入れのサイクルを必ずお話ししてください。そうすることで、定期的に通うことのメリットを感じていただくのです。

そして、第5章でも詳しく解説していますが、可能な限り、ビフォーアフターの写真を撮って、一緒に確認してください。**見て明らかにわかる結果とともに、3枠ポイントカードをお渡しする**のです。

施術の結果を目にしたあとは、お客様の気持ちが一番明るく上向きになっているタイミングです。そこで魅力的な3枠ポイントカードをお渡しすることで、利用率をさらに上げることができます。

例としてネイルサロンとヘアサロンを取り上げましたが、一口にサロンといっても、本当にさまざまな業種があります。リピートの期間はこれくらいとは断定できません。そのサロンによって、適切なリピートの期間は違ってくるでしょう。

それでも、3枠ポイントカードは導入できますし、基本となる考え方は同じです。**違うのは、有効期間だけです。**ですから、あなたのサロン独自の有効期間を設けて導入してみてください。

まだ行かなくてもいいかな、と思われがちということは、行くタイミングを逃しやすいということです。3枠ポイントカードという形で、リピートのタイミングをしっかりと見えるようにしておきましょう。

**リピートのタイミングもわかるし、リピートしたら割引価格でお手入れしてもらえる**ということ証明にもなりますからね。

## Q クーポンサイトを利用しています。クーポンと3枠ポイントカードをうまく併用することは可能でしょうか？

## A どちらを使うか選択できるようにすれば可能です。

最近は、クーポンサイトを使って集客するサロンが増えてきました。それなりに広告料はかかるものの、集客も見込めるとあって、利用しているオーナーさんは多いです。

クーポンサイトからご予約いただくと、たいていのメニューが割引き価格です。そのうえ3枠ポイントカードでさらに割引いてしまうと、かなり大きな還元率となり、サロンの利益が下がってしまいます。

そこで、クーポンサイトのメニューを受ける際は、クーポンの割引きを適応し、通常メニューを受ける際は、ポイントカードでの割引きを適応するようにしましょう。

3枠ポイントカードを使用する際の割引きは、私のサロンでは1回目と2回目を

30%オフ、3回目にステップアップして半額としています。ご自身のサロンで設定している割引き率を記載しておきましょう。枠内にはどちらの割引きを適応したかを記載できるようにしておきます。

どちらを使ったとしても、3回リピートしてくださったら、ゴールドカードへと移行してください。ゴールドカードも同じように、どちらを使ったのかをわかるようにしておきましょう。

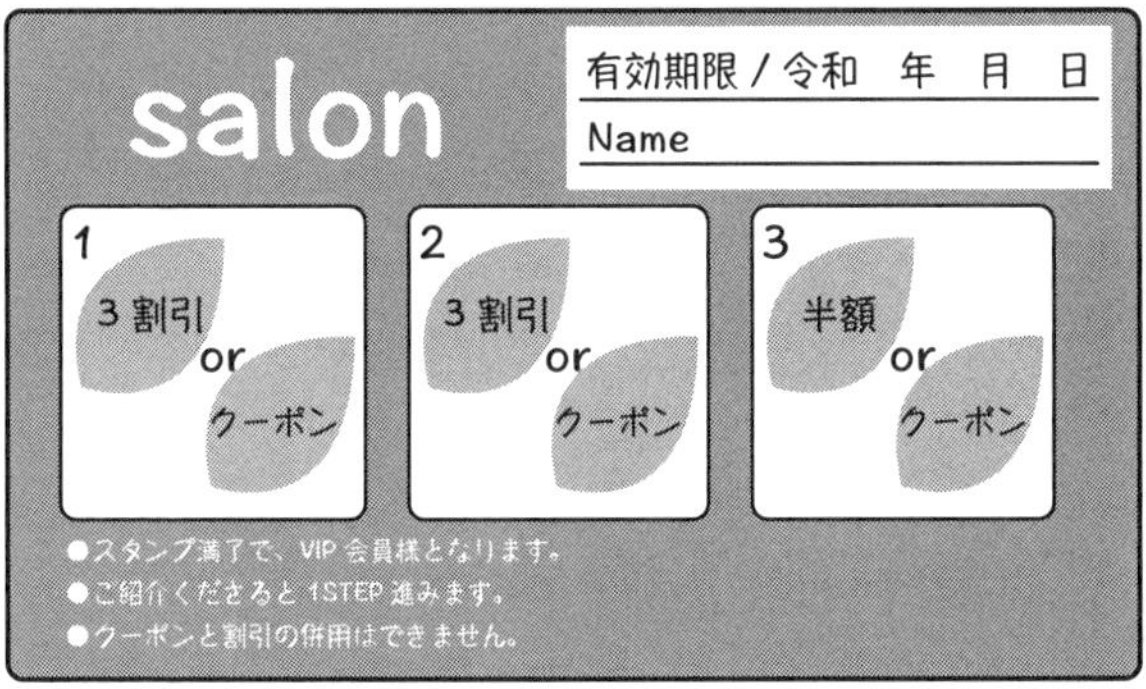


クーポンサイトの特典と自サロンの特典のいずれかを使えるようにしたカード。

エピローグ

# 感謝の気持ちをポイントカードにのせて

最後までお読みいただき、ありがとうございました。

がんばっているのに、なかなかリピートしていただけない……。

そんなサロンオーナー様が1人でも多く、本書でご紹介したポイントカードを使ってリピートの喜びを感じてくださるよう、誠心誠意書かせていただきました。

ここにくるまでには、山あり谷あり……さまざまなことがありました。

けれど、こうした経験の一つ一つがなければ、今の私はなかったことでしょう。夢をあきらめない気持ちと、かなえるための努力。

何の経験もなく、一時はお米も買えず、所持金752円というところまで追いつめられました。

ここで、私の人生で一番つらかったときを救ってくれたリンパケアとの出会い、無知からくる失敗をお話ししたいと思います。

今、サロン経営で厳しい思いをなさっている方も多いと思います。少しでも、その方々の励ましになれれば、うれしく思います。

## 背中を押してくれた家族の言葉

中学受験をした長男は、第一志望を落ちてしまいました。しかし、彼は、第一志望だった学校をあきらめきれず、高校受験でリベンジを果たすため、地元の公立中学に入りました。そこで彼はいじめを受け、恐怖で登校できなくなってしまいました。

時を同じくして、離婚の話し合いが進んでいました。子育てと夫婦関係という大きな二つの問題。私は心身ともに疲弊しきって、限界を超えてしまいました。円形脱毛症になり、甲状腺の病も発症。ひどい片頭痛にも悩まされました。

頭痛がなくても、薬を錠数も確認せずに飲んでいたのです。休みの日は、床に伏せたまま動けない日もありました。

妹に相談すると、エステや温泉など心の休まるところに行くようにすすめてくれました。その助言に従って、エステや温泉に行ってみました。しかしすぐに、自分1人遊びほうけて申し訳ないという、自己嫌悪でいっぱいになったのです。

母親の役割が果たせていないと、自分を責め続けました。すべてのマイナスを自分で背負いこんでいたのです。何をしてもマイナス面しか見えず、全部自分が悪いとしか思えませんでした。

そのころ出会ったのが、リンパケアでした。私が40歳のときです。その感覚をどう表したらいいのか……。施術を受けて以来、自分の心と身体が、みるみる元気になっていくのを実感しました。

これだ！と思いました。自分を笑顔にしてくれたこの幸福感を、いろんな人に広めたい。そんな想いから、すぐにリンパケア・セラピスト養成の学校に申し込みました。多忙な毎日の合間を縫って、二つのスクールに通い、資格を取りました。

ちょうどそのころ、長男が待望の高校に合格。離婚も成立しました。

私一人で、私立高校に通わせることができるのかと悩んだ末、まず、自分の夢はあとまわしにし、合格を祝う席で長男に言いました。

「お母さんも、やっと、やりたいことが見つかったの。でも、それを実行するのはずっと先。今はあなたのほうが大事。とにかく、あなたはしっかり学校に行きなさい」

すると長男は、こう答えたのです。

「母さん、最近、笑っているよね」

そのひと言で私は、はじめて気がついたのです。3人の子どものためを思って、一生懸命にやってきたつもりだったけれど、一番大切な「笑顔」を彼らに与えていなかった。自分は我慢してきたつもりでも、結局は自分のことしか考えていなかったんだ、と。

長男の言葉を聞いて、衝撃で頭が真っ白になりました。これまでに子どもたちにしてきたことが、走馬灯のように頭の中を駆け巡ります。

いつも表情なく接していたこと。

心も身体もつらく、相手をしてやれなかったこと。

子どもが大切だから我慢している。それは裏を返せば、我慢しているのを子どものせいにしているも同然だったということです。

あなたたちがいるから、お母さんは我慢しなきゃいけないの。母親のそんなセリフを子どもが望んでいるはずがないのに……。

「やろう！」

私はそこで、リンパケア・セラピストとして独立することを決意しました。長男のひと言で、私の人生は大きく動き出したのです。

## 心機一転!?　無謀だったサロン開業

公務員で主婦という、世間的にいえば「平凡な人生」を送っていた40歳の女。そんな私が突然、リンパケア・セラピストとして独立開業したのです。どこかのサロンに勤めて実績を積んだわけでもない。全くのゼロキャリアからのスタートです。

そういうと、なんとなく勇気と行動力のある女性。そんなイメージを持たれる方も多いでしょう。でもその実、勇気があったのではなく、勇気がなかったのです。新たに働きにいく勇気が……。

私は、セラピストとして独立開業するために公務員を辞めました。公務員は副業が認められないからです。

離婚も成立し、自分1人の収入で、家族4人が食べていかなければならなくなりました。私の退職金のほとんどは、役所から借りていた住宅ローンの返済と相殺になりました。

だから、全くといっていいほど資金がなかったのです。

離婚後、すぐに借りたマンションは、商売をするのが禁じられていました。そこで、仕方なく敷金・礼金なしの2階建ての一軒家に移り住み、自宅サロンをはじめたのです。

開業した場所は、友人、知人が1人もいないところでした。何ひとつコネがなく、資金はほとんどないに等しい厳しい状況です。自分でも、なんて無謀なことをしたんだろうと思いました。

でも、この無謀な行動の根っこには、強い想いがあったのです。その想いだけは揺るぎませんでした。それが、私を大胆な行動へと導いたのでした。


「リンパケアが私の人生を癒やし、助けてくれた。

笑えるようになった。

人を笑顔に変えることができる人を増やしたい。

人生は明るく楽しいもの！

私がもらったこの幸福感を共有したい」

この想いが、逆境の中でも私をずっと支えてくれていました。


ついに、私のリンパケア・セラピストの人生がスタートしました。

「開業さえすれば、お客さんは自然とやってくる」

このとき、私はこんな素敵な勘違いをしていたのです……。

## 所持金752円からの再挑戦

開業したものの、ホームページを開設したり、広告を出したりする資金はありません。そのときあったのは、公務員時代の経験で得たパソコンスキルだけ。だから、まずはチラシを手作りしました。

それを近隣へポスティング。しかし、反応はゼロ。お客さんは来ません。

お客様が来なかったのは、地縁がなかったのも原因の一つです。

私は生まれ育った場所から飛び出し、故郷と夫という存在に別れを告げました。全く違う場所で生きていこうと決心していたのです。

全く新しい人生をはじめたかった。だから、ゼロというよりマイナスからのスタートでした。それでも、あきらめたくはなかったのです。

「こんなはずじゃなかった……」

毎日、お風呂で泣く日々でした。けれど、子どもたちには悟られたくありません。

無収入の状態が続き、お米さえ買えないこともありました。

最終的に、所持金が752円にまでなってしまい、やっとこのままではだめだと悟りました。


まずは集客術の本を読みました。ポスティングも、子どもたちと散歩しながら精力的に続けていました。

1か月後、ついにはじめての予約の電話が鳴りました。ポスティングのチラシを見て予約を入れてくださったのです。


本当に待ちに待ったお客様。

うれしい反面、どうしよう……という不安でいっぱいでした。その一方で、リピーターになってほしい、と強く想いました。

さまざまなビジネス書を読んで研究し、街に出ると、お客様へどのようなサービスをしているのか、業種を問わず観察しました。そして、ポイントカードをつくりました。

これが、本書の「3枠ポイントカード」です。

そして、本から学んだ集客術をすべて試してみようと、行動をはじめます。

幸いなことに、最初のお客様はリピーターとなってくださったばかりか、ほかのお客様を紹介してくださいました。それをきっかけに予約も増えていき、毎日埋まるようになっていきました。

一気に開いた！と感じました。そして、あきらめないでいたら結果は出るんだ！と実感したのです。

## いただいた幸福を多くの人と分かち合いたい

それから、自宅サロンでの活動を続けること4か月間。マンションの1室にサロンを転居することにしました。

自宅サロンだとにおいがこもるので、夕食のおかずを決めるのも気を遣います。そこで、マンションの1室を別に借りてサロンにしました。

マンションのオーナーが優しい方で、駐車場のスペースに看板を出してもいいよと言ってくださいました。すると、看板を見たお客様が来てくださることが増えました。フリーペーパーに広告も出しはじめ、こちらも集客にとても役立ちました。フリーペーパーへの広告の出し方も研究し、そのエッセンスは本書でご紹介するチラシづくりのノウハウにもなりました。

そして半年後、念願の店舗サロン開業。

無謀とも思える大胆な行動でしたが、あきらめないで本当によかったです。

店舗サロン開設とほぼ同時に、セラピスト養成のためのスクールも開校しました。お客様に施術して喜んでもらうだけでなく、喜ばせる人を育てたいという気持ちが強くなってきたからです。

これまでサロンにポイントカードを導入していた方、ポイントカードは、どこのサロンでも導入しているからと、なんとなくつくってはいませんでしたか？

お客様の立場になって作成しなくては、ポイントカードは使っていただけません。

それはつまり、リピートしていただけないということです。これは、ただ安売りするということではありませんので、そこは勘違いしないでくださいね。

リピートしてくださるお客様に、感謝の気持ちをお返ししたい。その方法は何がいいのだろう？　お客様は何が一番うれしいかな？　そう考えて出た答えが、この3枠ポイントカードを使った割引きという方法でした。

これは、リピートしてくださるお客様への感謝の気持ちを表すものです。しかし、有効期限があります。とはいえ、有効期限内であれば、リピートすればするほど、お得に施術を受けることができるわけです。

お客様にとっても、サロンにとってもうれしいことですよね。

ありふれた言い方かもしれませんが、だまされたと思って取り入れていただきたい、とっておきの方法です。きっとあなたのサロンの良きパートナーになれると私は確信していますし、そうなれたらとてもうれしく思います。

今回出版させていただくにあたり、たくさんの方にご協力いただきました。丁寧にサポートしてくださったＢＡＢジャパン企画出版部の福元美月氏をはじめ、株式会社ＢＡＢジャパンの皆様に厚く御礼申し上げます。そして、私を支えてくださった皆様、スタッフ、家族に心より感謝いたします。

難波かおり

令和２年９月

## ✻エピローグ✻

Name
有効期限 / 令和　年　月　日
※初回来店から１ヶ月以内の３回目以降は
すべてのメニューが対象（半額）となります。
初回
20% off
2回目
20% off
3回目以降
半額
有効期限 / 令和　年　月　日
Name
salon
1
3割引
or
クーポン
2
3割引
or
クーポン
3
半額
or
クーポン

**難波かおり**（なんば　かおり）

セラピスト。リンパシーアカデミー代表。リンパマッサージサロン「Perfume」主宰。市役所を退職し、３人の子持ちのシングルマザーとしてサロンを開業したのが 14 年前。お客様が来店せず、所持金が 752 円となってはじめて、集客が必要であることに気づく。集客について書かれたビジネス書をかたっぱしから読みあさり、自分なりのアイデアも活かしながら、サロン開業３か月で月商50万円となる。リピート率なんと約 90％。その後、自分と同じ境遇の女性に、自分と同じような失敗をしてほしくないと、リンパマッサージの技術、サロン経営についてのスクールを開講。卒業生 300 名以上。そのうち３分の１が実際にサロンを開業し、順調な経営を続けている。

リンパシーアカデミー
https://www.perfume-school.jp/

リンパシーケア Perfume
http://www.perfume-rinpa.jp/

**読者限定！**

**『ポイントカード集客術』リピート８割の秘密を公開！**

https://www.facebook.com/groups/799423074167669

お客様の８割がリピートしたくなる

# ポイントカード集客術

2020 年 11 月 6 日　初版第 1 刷発行

著　者　難波かおり
発行者　東口敏郎
発行所　株式会社 BAB ジャパン
〒 151-0073 東京都渋谷区笹塚 1-30-11　4・5F
TEL　03-3469-0135　　FAX　03-3469-0162
URL　http://www.bab.co.jp/
E-mail　shop@bab.co.jp
郵便振替　00140-7-116767
印刷・製本　中央精版印刷株式会社


ISBN978-4-8142-0348-2 C2063

## BOOK Collection

幸せ女性起業塾
### 夢と現実に橋をかける人柄ビジネス

お金の流れは大きな運河。手を入れてすくい取るのよ!! この本が目にとまったあなた最幸の人生が待ってるわよ! のべ10万人を鑑定! 富と豊かさと幸せを手に入れる最強の運気アップ術を愛にあふれた激辛口で指南! 「美は執念」「自分の機嫌は自分でとる」「心臓にファーを生やす」など、個性的な表現で読者を魅了する竜庵先生が、人生を大成功させている秘訣を語ります!!

●叶理恵 著 ●四六判 ●248頁 ●本体1,500円+税

### お客様分析とセラピスト分析でリピート率80%超!

売れっ子セラピストの共通点は? アイメイクを変えただけなのに指名が増えた! あんなに地味なセラピストが人気があるのはなぜ? サロンでの実話を元にした、新人セラピストの成長ストーリーに学ぶ! 本書でご紹介するのは、サロン現場の「どうして?」を分析した現場統計学。 セラピスト、エステティシャン、その他のサービス業にも役立つメソッドを大公開!

●西村麻里 著 ●四六判 ●208頁 ●本体1,400円+税

小さなサロンのための
### 売り込まないネット集客の極意

ネットを活用しているのに、イマイチ集客に結びつかない……。もしかしたらサロンを売り込もうと、無理してネットを使っていませんか? こんな困った問題を解決する、売り込まないネット集客の極意を一挙公開! 今すぐ実践して、愛されサロンへと脱皮しちゃいましょう! 数百のサロンを繁盛店に導いてきたコンサルタントが教える、ホームページ、SNS、ブログをカシコク活用する集客術を一挙公開!!

●穂口大悟 著 ●A5判 ●244頁 ●本体1,500円+税

リピート率98%を生み出すサロン繁盛の秘訣
### 感動を呼ぶ小さなサロンの育て方

「ワクワクした」「感動した」「ビックリした」お客様の"感情の動き"がリピートの正体です。お客様が来ないのが当たり前だと思っていませんか? リピートしないのが当たり前だと思っていませんか? 『今でも一番大事にしているのはオープン当初の真っ白な予約表です』ピンチはチャンス。私たちのサロンもオープン当初は真っ白な予約表を呆然とながめて途方に暮れる経験をしてきました。

●向井邦雄、向井麻理子 著 ●A5判 ●234頁 ●本体1,400円+税

心づよいミカタとなるセラピスト・シェルパ30
### セラピストは一生の仕事

ズバリ、「成功セラピスト」とは、セラピーに集中できる環境に長きにわたって安定的にいられるセラピスト。そのためには、これからの10年で環境を整えることが大切です。セラピスト・シェルパ(専門支援者)となる、経営コンサルタント、店舗コンサルタント、Webデザイナー、ヘアメイクアーチスト、弁護士、税理士、社会福祉士 ...etc. をミカタにつけて、一生セラピストとして豊かに生きていきましょう!!

●谷口晋一 著 ●四六判 ●248頁 ●本体1,400円+税